川淵キャプテンにゴルフを習う

ゴルフも「仕事」も上達するレッスン50

野地秩嘉

プレジデント社

川淵キャプテンにゴルフを習う

まえがき

川淵三郎。１９３６年、大阪府高石市生まれ。現在、78歳。元サッカー日本代表のフォワードで、１９６４年の東京オリンピックに出場している。アルゼンチン戦では１ゴールを記録。日本の勝利にも貢献している。現役を引退してからは古河電気工業の営業マンとして働いた。51歳のとき、子会社へ出向になった。

「これ以上、出世することはない」と自覚してから、彼は日本サッカー協会の仕事にエネルギーを注ぎ込む。そして、１９９３年、日本初のプロサッカーリーグ、Ｊリーグを創設し、初代チェアマンに就任。会長を経て、いまは同協会の最高顧問（キャプテン）をしている。加えて、先ごろ、対立していたふたつの組織をまとめ上げたことで、日本バスケットボール協会の会長にも就いた。２０１３年からは首都大学東京の理事長も務めている。

川淵三郎はアスリートであり、しかも、スポーツマネジメントのプロである。

そして、わたしの彼に対する評価は前述に加えて、偉大な広報マンであることだ。

バスケットボール協会の会長になった後、彼はＮＨＫの「サンデースポーツ」に生出演し、話をした。

「なぜ、バスケットボールの組織が分裂したか、なぜ、なかなか再統一されないのか」素人考えだと、「さっさと仲直りすればいいのに」と思うところだ。そこを川淵さんは「こうやって、ふたつの組織を仲直りさせた」とわかりやすく満天下に訴えた。

「分裂しているのは現在、それぞれが相手に対して不満を持っているからです。現在のことを言いだしたら、絶対に和解しません。それで、僕は言ったんです。

『現在の不満をぶつけるのはやめろ。それよりも未来を考えよう。5年後、10年後のバスケットボール協会の姿を頭に描いて、それに向かって進んでいくんだ、と。実際、Jリーグを創設したときも企業内スポーツのままでいいなど、さまざまな意見がありました。しかし、未来に向かって努力しようじゃないかという私の発言で変わったのです』」

彼が提示した説得の方法とは、現在の不満を棚上げにして、未来に向かって進めというものだ。

このアイデアは川淵さんが初めて提示したものではない。対立する二者、不満をぶつけ合うふたつの組織を仲介するには最上の論法と言っていい。昔からあるアイデアであり、このやり方で対立する組織を丸く収めてきた人は何人もいる。

彼は、この解決方法をNHKテレビの生出演の際に語った。全国民の前に解決法を提示したから、ふたつの協会の幹部は粛々と実行するしかなくなったのである。彼は番組のなかで、ふたつの組織の幹部を叱りとばし、現場の選手を激励し、しかも、バスケットボールファンに対して「安心しろ」と語りかけた。見事な作戦ではないか。

普通、テレビに出演する人は自己宣伝に終始する。

「オレはこうやって成果を上げた」としか言わない。だが、川淵さんは「自分がやった」とは言わずに、「アイデアを提供しただけだ」と話した。自己宣伝をせずに、テレビを見ている一般視聴者の理解を得て、味方につけたのである。

偉大な広報マンはアイデアマンであり、幹部を叱った教育者であり、現場の選手にとっては指導者だった。

番組を見ていたわたしはふと思った。

「そうか。この人に何かを指導してもらえば、いちばんいい結果が出るに違いない」

では、何を習えばいいのか。サッカーを習うわけにはいかない。58歳になってピッチを駆けるわけにはいかない。心臓発作か脳の血管が切れるかのどちらかになる。だいいち棺桶のなかに入るまで、疾走するなんてことはやりたくない。じゃあ、バスケットボールはどうか。それもダメだ。バスケットは休みなくコートの端から端まで疾走しなくてはならない。考えようによってはサッカーよりも過酷なスポーツである。

相撲は悪くない。わたしは相撲が好きだ。中学のとき、相撲部に入っていたこともある。

ただし、これは川淵さんが嫌がるだろう。彼はわたしと裸で組み合うことを拒否するに違いない。

では、何がいいか。

そうだ、ゴルフだ。やるとすればゴルフしかない。ゴルフは子どもから熟年まで誰でもできるスポーツだ。しかも、川淵さんはゴルフが上手だ。ゴルフの指導者としては適任である。

これまでにわたしは、川淵さんと10回以上もゴルフをする機会があった。彼は1ラウンドをつねに70台後半から82までのスコアで回った。ときにはアンダーパーもあった。そして、ドライバーの飛距離では50ヤード近くも置いていかれた。78歳の彼は230ヤード、ひょっとすると250ヤードも飛ばすのである。まったく、許しがたい。暴挙と言いたい。そのうえ、アプローチがうまい。トラブルから脱出するときは冷血ともいえるくらい冷静に対処する。

わたしの方が20歳、年が下だけれど、技術もマナーも元気も冷静さも川淵三郎にはかなわない。

彼は古河電工に勤めていた時代、名古屋に勤務していた。名門で難コースの名古屋ゴルフ倶楽部和合コースでシングルプレーヤーだった。また、2013年には千葉のヌーヴェルゴルフ倶楽部でエージシュートを達成した。そのときのスコアは75である。

教育者、指導者で、しかも一流プレーヤーの川淵さんからゴルフを学ぶ。これほどぜいたくなことはないと思った。

わたしたちが川淵さんから学ぶべきは技術とメンタルとマナー、この3つである。

目次

3章 技術を考える①

4章 技術を考える②

5章 ラウンド中に知っておくといいこと

イラストレーション　井竿真理子
撮影　中西直樹

1章

川淵メソッドとは何か

読めばすぐにまねができる

川淵さんの教え方には特徴がある。仮に、それを川淵メソッドとしよう。このメソッドの最大の特徴は、本書を読んだだけでスコアが5つはアップすることだ。

「何だ、練習しなくていいのか。それはうれしい」

そんな感想を持つ人は早合点しないでほしい。ゴルフというスポーツは考え方とメンタルに左右される。初心者、中級者ならば、現在のままの実力でも、考え方を変えれば誰でもスコアの5つくらいはアップするのである。ただし、初心者、中級者はなかなか自分の考え方を変えようとしない。変えないからスコアがよくならないのに、それでも自分の考えが最上だと思って、無理なチャレンジをする。

狭い間隔の木の間からグリーンを狙ったり、ロングホールで2オンしてやろうと、フェアウェイウッドを持って、クリーク越えを狙ったりする。そして、ボールはあえなくクリークに落ちる。そういう無謀なことさえしなければスコアはアップする。無謀な考え方を変えるのが本書の特徴であり、初心者、中級者にとっては、本書にある川淵さんの言葉は福音だ。耳を傾けてもらいたい。

本書を読んで実践しただけで、スコアがアップしたとする。しかし、それは技術的に上達したことではない。向上心があって、シングルプレーヤーに近づきたい人はやはり練習することだ。練習もしないで技術が向上することはありえない。

わたしは原稿を書くのが本職だけれど、文章は1行書けば、1行分うまくなる。文章読本を何冊読んでも、実践しないと文章は上達しない。ゴルフでもスキーでも何でもそうだ。上手な人とは日々、練習している人をいう。

そして、本書では練習は自己責任でやってもらう。やらない人はいずれ後悔する。仕事を一日休んで練習するくらいでないと、絶対にうまくはならない。

それでも練習は大事だ

本書を書くにあたって、わたしは何冊かゴルフのレッスン書を買い込んで読み通した。どの本も書いてあることはほぼ同じで、ものすごく単純化すると次の3つだった。

A　練習をする

やはり、練習がいちばんと書いてあった。「練習すれば技術は上達する」当たり前だ。技術書では、この部分をいかに独創的な表現で記述するかが著者の力なのであろう。

B　スイングを滑らかにする

スイング理論は数々ある。しかし、よく読んでみると「大きく、ゆっくり、スムーズに振る」というのがポイントだ。あとは、体を捻転《ねんてん》させて打つ、体の回転で打つ、左右の体重移動で打つという3種類の方法が書いてあった。結局、いずれも結論は理想のスイングを手に入れるためには何度も振ること、つまり、練習が必要だと記述してあった。

C　パットは大事だ

「パット・イズ・マネー」とか「ドライバーの1打もパットの1打も同じ1打」といった言葉がある。それくらいパットは大事なのだけれど、パットはショットよりもなお練習しないと上達しない。しかも、パットは練習を怠ったら、すぐに感覚を忘れてしまう。だから、日常的に練習を続けなくてはならない。そのことはゴルファーならば口には出さなくともなんとなくわかっているだろう。

どの本を読んでも、この3つは必ず書いてある。そして、書いてある通り再現すれば技術は上達して、スコアはアップするだろう。

補足するが、パット練習には乗り越えなくてはならないハードルがある。それは、パット練習は面白くないということだ。

「いや、何を言うか。オレはパットの練習をしているときがいちばん楽しい。エクスタシーを感じる」という人もいなくはないだろう。しかし、一般的にはパットよりも、ドライバーやアイアンを振り回す方が爽快ではないか。練習場でドライバーやアイアンを使って、200球くらい打つとする。たまにはいい当たりが出るから、ちょっとうれしい。汗をかくから練習後のビールがうまい。

一方、パットは自宅で練習できる。100回、パットをしても汗もかかない。なんとなく、ちまちまとした練習をしている気になってくる。パット練習後にビールを飲んでもたいしておいしくない。

だいたい「よーし、今日はパットの練習をして、酒飲んで寝るぞ」というオヤジゴルファーに会ったことがない。

面白くないことをやり続けるには意志の力がいる。パット練習を日々やっている人は、きっと粘り強い人だろう。こういう人は放っておいても技術は上達する。

つまり、パットの練習を続けることは徹底的に正論だ。しかし、繰り返すけれど、わたしは面白いと思ったことがない。レッスン書には練習の重要性についてこれでもかと書いてあるが、問題は練習後にコースで再現することなのだ。

スイングとパットは横で見ている人がいないと矯正できない。もしくは本書で川淵さんが言っているように、誰かにスマホでスイングの動画を撮影してもらうしかない。スイングとパットは本を読んだからといって、自力で練習したからといって、なかなか向上しない。他人の目が必要なのである。だから、本書ではスイングの仕方、パットの仕方について、詳しくは書いていない。ただし、川淵さんがこうやってきたという事実は書いてある。読者のみなさんにはそれを参考にしてもらって、誰かに見てもらうことをすすめる。初心者、中級者はスイング、パットをひとりの力だけで直そうとしない方がいい。

川淵メソッドでは練習の意義を認める。大いに練習するべきだと思う。しかし、その前にゴルファーの意欲をかきたてたいと思う。本書を信用してもらうために、まず読み、読了後コースに出てほしい。そして、書いてあることをやってほしい。素直にやってほしい。考え方を少し変えてほしい。スタンスを広げて下半身を安定させてほしい。ボールをちゃんと見てほしい。

何よりも、トラブルからの脱出とアプローチを打つときは慎重にやってほしい。このふたつは初心者、中級者がスコアをよくするために避けては通れない関門だ。

川淵メソッドの2本柱はアプローチとトラブルからの脱出

まず、彼はアプローチの重要性について、こう考えている。

「アプローチがうまくなればスコアは変わります。アプローチでカップに寄るようになればゴルフが面白くなる。寄せて1パットで入るのが多くなれば、スコアは劇的に変わる。グリーンの周りであっち行ったり、こっち行ったりしているうちはゴルフは面白くないスポーツだけれど、アプローチが寄るようになったら、練習もまた楽しくなる」

アプローチの上達には練習が欠かせない。しかし、アプローチだけを1日に1時間、何回かやるだけで、わりと早く上達する。

アプローチ練習場のあるところへ行き、距離感をつかむことに専念することだ。最初は単調な繰り返しに退屈してしまうけれど、それでもパットよりは数倍面白い。一度でも成果が出たら確かに楽しくなる。

「練習場へ行くと、僕がいちばん時間をかけて練習するのはアプローチウェッジです。ピッチング、アプローチ、サンドといったウェッジは遠くへ飛ばすためのクラブではありません。いつも同じ距離を打つためのクラブ。だから、この3本に関しては自分がどれくらいの距離を打てるかを自分自身で把握していなくてはならない。

僕の場合、アプローチウェッジ（ロフト角54度）で打つと、ちょうど100ヤードになる。だから、ロングホールなどでは2オンを狙わずに、わざと残りが100ヤードになるように打つことがあります。そのときにアプローチウェッジを持つ。残り100ヤードを打つクラブは練習しておくといいでしょう」

トラブルへの対処

ゴルフは同じミスを繰り返すスポーツだ。そして、同じミスをして、へこんでいる自分からいかに早く立ち直ることができるかを問われるスポーツでもある。

本書を書くにあたって、わたしは1年間に50回以上ラウンドをした。そして、同伴した初心者、中級者に「ゴルフをやっていて、もっともへこんでしまうミスは何か？」と尋ねてみた。以下、自己嫌悪に陥る順番に記してみる。

1位　ティーグラウンドでの空振り。

2位　ティーグラウンド、フェアウェイ、グリーン上でのチョロ。つまり、打ってもチョロっとしか前に飛ばないこと。

3位　70センチ以下のショートパットを外すこと。

4位　グリーンを目前にして、サンドウェッジでアプローチしたら、ザックリしてボールが動かなかったこと。

5位　バンカーから打って、2度以上出ないとき。

6位　池（バンカー）を越そうとして打ったのに、池（バンカー）に落ちること。

7位　林のなかから打って、前の木に当たって戻ってくること。

8位　傾斜地の下から打ち上げのショットを打ったのに、距離が足らず、ボールは坂をコロコロと転がり落ちて戻ってくること。

いずれも、つらい体験である。そして、誰もが経験のあるミスだ。記していても思い出したくない。

ここにあるミスと並んで、誰もがやったことがあるのがシャンクだろう。だが、シャンクをつらいと感じた人はほぼいなかった。シャンクはそれほどつらくないというのがアマチュアゴルファーの本音ではないか。

なぜなら、シャンクは天変地異みたいなものだ。アマチュアゴルファーにとっては、ふせごうとしてもふせげないものだから、自分自身を殴りつけたくなる気持ちにはならないのだろう。

さて、こうしたミスは誰もが経験する。この先も必ずやる。では、川淵さんはミスからどうやって立ち直ったのか、もしくはどうやって、ミスしないようにしているのだろうか。彼は言う。

「ミスの原因はふたつです。ひとつは自信がないこと。買ったばかりのクラブで池越えしようとする。練習していないから、『ちょっと無理かな』と思って打つ。すると、案の定、池ポチャです。自信がないクラブは握らない。そういうときは池の前にきざむこと。

ミスショットのもうひとつの原因は無謀なこと。わたしは若いころは蛮勇をふるってチャレンジしていたけれど、ゴルフというスポーツでは『蛮勇をふるう』必要はありません。チャレンジするよりも確実に前へ進むことです」

他のミスに対しては、彼はこう言っている。

たとえば、空振りやチョロをふせぐには「ボールを見る」しかない。林のなかから確実に出すには、木と木の間のいちばん広いところへ向かって出す。つまり、考え方を変える。バンカーからの脱出、ザックリしないことについては、考え方を変えたうえで、打つ技術を高めるための練習がいる。これは技術編で後述する。

川淵さんとゴルフをやっていて、いちばん勉強になったのは判断力だ。彼は消極的なゴルファーではない。チャレンジするときにはどんどん行く。ただし、プレーの流れを読みながらチャレンジする。バーディを連発して、ノッているときは蛮勇をふるってチャレンジする。ただし、ボギーが続いた後は冷静にプレーをする。チャレンジするところかどうかを判断している。わたしはそこを真似したいと思った。

川淵さんは言う。

「昔はほんとに無謀だった。木と木の間が10センチしか空いていないとしても、そこからグリーンを狙って打った。……そうして、ほとんど失敗した。いまはいちばん広いところへ向かって出す」

本書では、トラブルへの対処をとりわけ具体的に記述してある。

その他の川淵メソッド

アプローチを大切にすること、トラブルへの冷静で慎重な対処のほかに、川淵メソッドには次のようなものがある。

1　ドライバーはとことん飛ばす

川淵さんはコンスタントに230ヤードは飛ばす。フェードボールだから正確性も兼ね備えている。

「ドライバーが飛ぶと、それだけで気持ちがよくなってゴルフが楽しくなる。正確に飛ばすのが理想だけれど、私はラフに行ってもいいから距離を稼ぐことにしている。少しでもボールが前に行くと爽快だから」

ドライバーを飛ばすための技術的な話はあとで補足する。

2　慎重に打つ

彼はテレビでスポーツ番組を見る。サッカーはもちろん、バスケット、大リーグ中継も見る。もっとも好きなのがアメリカンフットボールで、ゴルフ番組はアメリカンフットボールの次によく見ているという。

「プロゴルファーの試合を見ていると、ドライバーのショットはまったく参考にならない。まねしたって、できるわけがない。私が注目しているのは彼らが打つときの慎重さです。僕らアマチュアは『スロープレーはまずい』と思い込んでいるから、ボールのそばまで行ったらあっさりと打ってしまうことがほとんど。でも、プロはとても慎重だよ。ボールの後ろに立って打つ方向を確認する。グリップの握りをチェックする。そして、素振りをしてからやっとボールを打つ。プロをまねて、自分だけのチェックポイントを作り、確認してから打つといいのでは。僕はチェックポイントを確認するとき、ぶつぶつ独り言を言ったりする。声に出して確認すれば忘れることはないのだから」

ちなみに、「声に出して確認する」ことも川淵メソッドだ。だが、必要以上に大声を出すことはない。変な人だと思われる。

3　得意なクラブ、または得意な技術をひとつ作る。そこから得意分野を広げていく

たとえばアイアンであれば彼は7番に絶大な自信を持っている。ひとたび7番を握ったら必ずといっていいほど、芯を食った当たりを出すことができる。絶不調のとき、たとえばロングホールの1打目があまり飛ばなかったら、2打目で7番アイアンを持ったりする。普通ならばフェアウェイウッドだろう。しかし、7番で芯を食った当たりを出せばかなりの距離を稼ぐことができるし、しかも沈んでいる気持ちを立て直すことができる。得意なクラブがあればいざというときに自信を持って打つことができる。

また、パットであれば彼はフックラインが得意だ。カップまで長い距離が残っていたとしても、フックラインなら「シメた」と思う。そうして、自信を持って打つからカップインする。

このふたつに限らず、得意なクラブ、得意な距離を作るといい。絶大な自信を持つことをめざす。そして、得意部分をどんどん増やしていく。一点突破を全面展開につなげるのである。せめて1本だけでも、得意なクラブを作っておくと、危機を救ってくれるし、救われたことで、自分の精神をリフレッシュできる。これは仕事にも通ずる。新人に成功体

験をさせるとみるみるうちに仕事ができる男に変わる。成功体験は重要だ。

4　流れを読む

川淵さんがコーチに向いている理由は、ゴルフが上手なこと以外にふたつある。

ひとつめは「初心者だったころのプレーと気持ちを覚えている」ことだ。

どんなスポーツであれ、「ジュニアのころからやっていた」スポーツエリートは下手だったころの記憶をなくしてしまっている。教える相手の心理状態や技量を把握せずに、「どうしてこんなことができないのか」などと叱ってしまう。

そんな人はスポーツエリートとしてやってきた時代が長いため、下手な人や初心者の気持ちに寄り添うことができなくなっているのである。

その点、川淵さんは一般ゴルファーと同じように社会人になってからゴルフを始めた。20代後半から30代のころのスコアはハーフで50前後。ごく普通のアマチュアゴルファーだったのである。

そんな普通のゴルファーが練習を重ね、自分で工夫をしながらシングルプレーヤーになった。学ぶ者が知りたいことは、上級者の技術ではなく、「どうやって技術を習得したのか」である。初心者、中級者は具体的な練習方法、コースでの応用方法が知りたい。「こう打つんだ。よく見ておけ」は指導でも何でもない。自慢の技を素人に見せたい人が言う言葉だ。

川淵さんの場合は「僕はこうやった。すると、こんなミスが出た。だから、やらない方がいい」という教え方である。初心者の気持ちがよくわかっている。ゴルフの技術だけでいえば、プロゴルファー、レッスンプロの方がはるかに川淵さんよりも上手だろう。しかし、川淵さんにのいいところは、「自分が上達していった過程」を他人に教えることができる点なのである。

ここで彼に初心者のころを思い出してもらおう。いったい、どういったゴルフをしていたのか。

「とにかく無謀のひとことと。林に入ろうが、難しいライであろうが、つねにパーで上がることだけを考えてプレーをしていた。実際は、考えていたというより、祈っていたというのが正しい。それが初心者なんです。パーを狙って、自ら墓穴を掘る。自滅するのが初心者のゴルフです。

上達したのは考えるゴルフをするようになったからです。まず、ティーグラウンドから全体を眺めて、バンカーや林に入れないようにする。バンカーやクリークの前にきざむことも覚えました。入ってしまったら、素直に横に出して、ここはボギーで上がればいいと気持ちを切り替える。ただし、どんな場合でもダブルボギーを回避することを重要視します」

この説明には考えを変えることの重要性が含まれている。そして、この発言のなかには、川淵さんがコーチとして優れているもうひとつのポイントがある。

「スコアをアップさせるには、メンタルを鍛えなくてはならない」

そういうことだ。川淵さんはアマチュアゴルファーがメンタルを強くしたいと望むとき、最適なアドバイスをしてくれる。

ゴルフは技術だけでスコアがよくなるスポーツではない。メンタル、つまり、心の持ちようでスコアはよくなったり、悪くなったりする。だから、メンタル面の指導は欠かせない。

「メンタルを鍛えるには、原則として自然体でやることでしょう。自分のショット、パットに一喜一憂せず、感情を出さずに淡々とやる。まあ、それが難しいんですけどね。

メンタルにもっともよくないのは、プレーしながら言い訳をすること。腰が痛いとか、昨日はちょっと飲みすぎたと言う人を見かけるけれど、絶対にスコアはよくならない。言い訳をするのは不安だからだし、自信がないから。言い訳を繰り返しているうちに、どんどん悪くなっていく。メンタルを鍛えるには、たとえ腰が痛くても、ゴルフの日の朝まで酒を飲んでいたとしても、ひとことも口に出さずにプレーすること。

体調が悪くても、明るくニコニコやっていると、同伴者に好かれます。同伴者が助言してくれたり、励ましてくれたりもします。一方、言い訳ばかりしている人は見苦しいから周りも冷たくなる。言い訳しているうちはスコアはよくなりません。これは仕事でも一緒でしょう。できない言い訳ばかりしている人は尊敬されません」

川淵さんのメンタル指導でユニークなところは、ラウンド中の「流れ」を読むべきと教えることだ。初心者はゴルフの流れを無視して、出たとこ勝負のゴルフをするからスコアが崩れると説く。

ゴルフのメンタルというと、「心を強く持つ」とか「歯を食いしばってがんばる」といった精神論だと勘違いしている人が多い。しかし、川淵さんにおけるスコアアップのためのメンタルとは、流れのなかの自分を冷静に感じながらプレーできるかどうかだという。言い訳をしないこともその代表例だ。流れをわかっていないから自分を弁護するためにみっともない主張を繰り返すのである。

彼は流れの読み方についてこう分析している。

「スコアを5つアップさせるには流れを読むことです。いい流れが来たときは攻めのゴルフをする。悪い流れのなかにいたときは慎重にやる。

たとえば、ボギー、ボギー、ボギーを打ったとしましょう。その次はどんなことがあってもダブルボギーにしてはいけない。歯を食いしばってもボギーで上がる。そうでないと、ダダダダッとスコアが崩れてしまう。だから、ボギー3連発の後は慎重に打つ。ティーショットからアイアンを持ってフェアウェイの真ん中に置いてもいい。

一方、パー、パー、パーと3連続パーだったら、次がダブルボギーでも構わない。いい流れはまだ自分にある。ダブルボギーを打ったとしても、その直後にパーを取ることも難しくはありません。

そうやって全体の流れを考えていると、自然と冷静になる。頭がカーッとして自滅することはありません。冷静になって、全体の局面を考えながらスコアを作っていけば、大崩れはしません」

メンタルを鍛えるとは精神論ではなく、科学的に、そして客観的にゴルフプレーをとらえるということなのである。

さて、こうした川淵メソッドを読んだビジネスマンのみなさんは何かを感じたのではないだろうか。実は、川淵さんが挙げたゴルフ上達のポイントはすべて仕事に通じる。たとえば、アプローチの大切さとは仕事における細部の重要性だ。トラブルへの冷静な対処はそっくりそのままビジネスの現場で役に立つ話だ。ドライバーを飛ばすとは、ノッているときはどんどん仕事をすることである。営業マンだったら、商品が売れている時期は残業や休日出勤をして、どんどん売る。売れるときに売っておく。そういう意味だ。

慎重に打つ、得意分野を作る、流れを読むという3つの項目もゴルフの文脈で書いた文句だけれど、ビジネスノウハウだと思ってもらって構わない。

本書はゴルフだけでなく、仕事にも役に立つはずだ。

体の調子を整えるには

川淵さんの毎日は忙しい。日本サッカー協会では最高顧問として専用の部屋を持っている。仕事はここでやって、主な取材もここで受ける。そして、2015年春からは日本バスケットボール協会の会長になった。五反田にある事務所に顔を出し、バスケットボールの試合を見に行く。また、首都大学東京では理事長だ。八王子市南大沢にあるキャンパスにも週に一度は出かけていく。まさに寸暇《すんか》を惜しんで働いているのだが、78歳のいまも風邪ひとつ引いたことがない。

「元サッカーの日本代表だし、オリンピックの選手だったから頑健なのだろう」

わたしはそう思っていたけれど、よく聞いてみたら、体の調子を整えるために、ルーティンの運動を欠かさないという。ただし、毎日2キロ走るとかジムでトレーニングをするといった過酷なそれではない。中年以上のビジネスマンならば誰でもまねできるような簡単な運動だ。

毎朝必ずやっているのが、つま先立ちとふくらはぎを伸ばすこと、そして、スパイラルという腰のためのストレッチの3つだ。

「朝、起きたらすぐに歯磨きをする。歯を磨きながら、両足で立ってかかとを上げたり、下ろしたりを150回やる。そうすると、ふくらはぎが鍛えられるから、2日連続、ゴル

フをやってもぜんぜん疲れない。ふくらはぎは血液を全身に行き渡らせるポンプみたいなもの。血液の循環がよくなる。二日酔いもなくなるし、顔のむくみも取れる。私はそう思ってやっています。

つま先立ちの後に、両足を前後に開いて、ふくらはぎの裏を伸ばす。これは右足、左足をそれぞれ30秒ずつ。

最後に右手を肩の上に伸ばして反対側に曲げる格好で30秒。ちょうど昔流行《はや》った『シェー』のような格好です。体の側面を伸ばすストレッチ。これも両側をやります。運動といえばそれだけ。僕はサッカー選手のころからサボる方だったから、現役を退いてからジョギングなんてしたこともない」

彼は、ゴルフをやるときはつねに歩く。ただし、炎天下の場合と同伴競技者がカートに乗る場合は同乗する。自分ひとりだけ仲間と離れてフェアウェイを歩いているのは健康を誇示しているようで申し訳ない気持ちになるからだ。

「いま、痛風の薬だけは服用しているけれど、それ以外に薬やサプリメントは一切、使っていません。少し前までは人間ドックも行かなかった。

人間ドックに行くのは最後の最後でいいと思っていました。おかしいなと思って人間ドックに行って、何か見つかったら、手遅れになっていた方がいいと家族には言っていたんです。

『川淵さん、もう手の施しようがありません』と言われた方がかえって安心なんだ。もっとも、『オレは手遅れがいい』とばかり周囲に言っていたから、娘と秘書に怒られて、年に一度は強制的に人間ドックに連れていかれるようになりました。

結局、私の健康を支えているのはゴルフです。年に50回はやって、フェアウェイを歩く。一緒に回る人がなるべくいいスコアになるよう、相手のショットやパットに助言をする。そうすると、自分も自然とショットやパットに気をつけるようになるから、スコアがよくなる。ゴルフは個人競技だけれど、自分だけがよくなればいいというスポーツではない」

2章

川淵さんのゴルフ歴

エージシュートで考えたこと

川淵さんは２０１３年12月1日に千葉のヌーヴェルゴルフ倶楽部（パー72、６１５３ヤード）でエージシュートを達成した。エージシュートとは、１ラウンドの打数が自分の年齢よりも少ないこと。少なくとも70歳以上でないと達成することが難しい記録だ。

なお、アマチュアゴルファーの夢は３つあるといわれている。エージシュート、ホールインワン、そして、所属ゴルフクラブのクラブチャンピオンシップで優勝すること。川淵さんはエージシュート、ホールインワンをやっている。クラブチャンピオンシップは無理だったが、理事長杯は決勝まで進んで、準優勝だったことが2度ある。所属クラブはあの難しいことで知られる名古屋ゴルフ倶楽部和合コースだ。

さて、エージシュートについてである。達成した日、彼は76歳だった。

「アウトが38、インが37の75でした。公式競技ではなく、プライベートです。同伴者は大《だい》仁《に》さん（大仁邦彌　日本サッカー協会会長）夫妻とうちの娘、英子。

大仁さんの奥さんを指導するためのラウンドだったから、教えながらやっていたんです。他人に教えるというのは自分でも気をつけながら回ることになるでしょう。しかも、つね

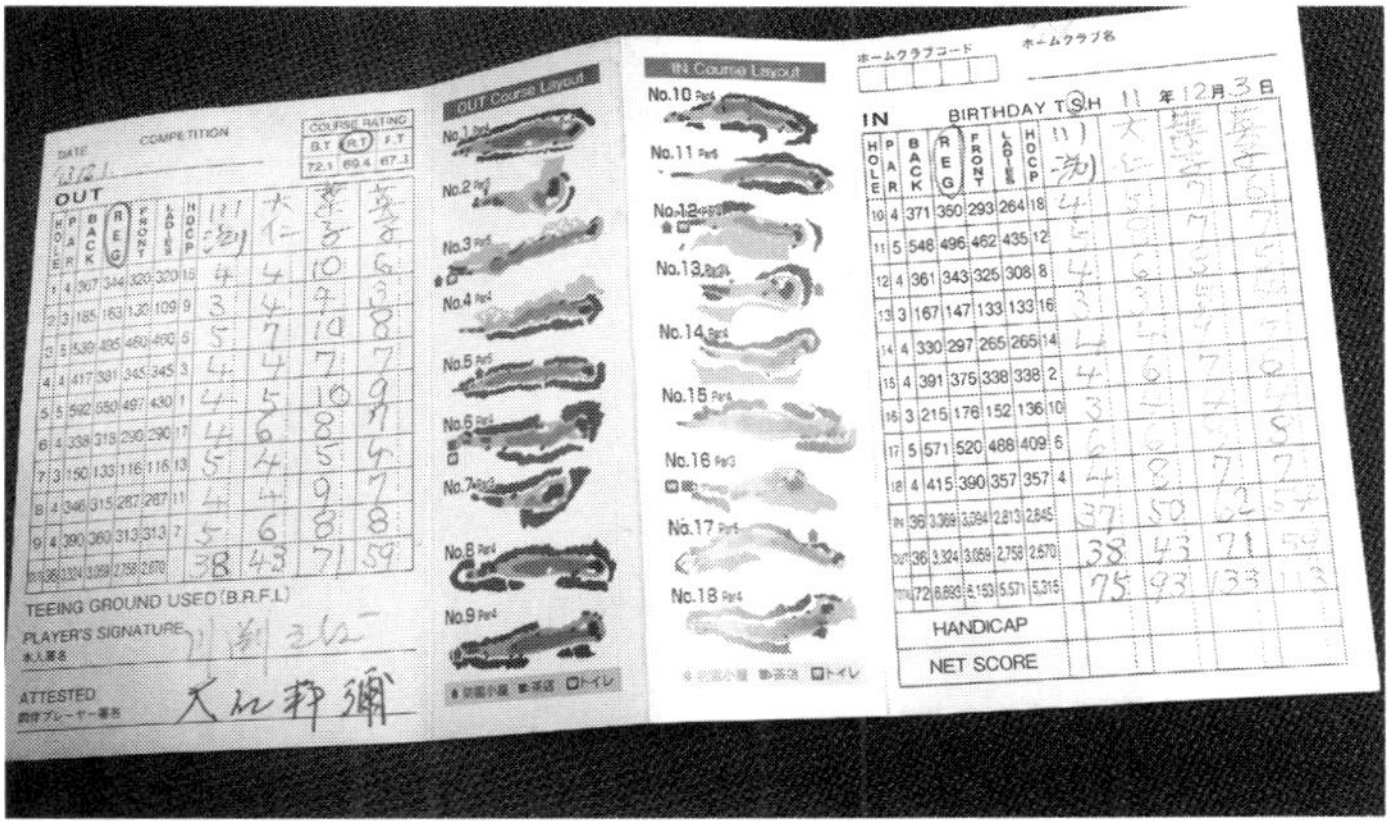

に同伴者のプレーを注視しているわけだから、自分自身は自然とリラックスする。まあ、調子よかったこともあるから、それでエージシュートを達成したわけです」

写真はそのときのスコアカードだ。見にくいかもしれないけれど、よく見ると、アウトでバーディ1、ボギー1、ダブルボギーが1。あとはすべてパー。インではボギーが1個だけで、あとはパープレー。立派な成績だ。

また、スコアカードには川淵さんのゴルフコーチとしての片鱗《へんりん》が表れている。同伴した大仁さんのスコアを見るといい。わたしは一度、大仁さんとプレーしたことがある。むろん、彼は一流サッカー選手でスポーツマン。アスリートである。しかも明朗快活。このうえもなく人柄がいい。

ただし、わたしが言うのもエラそうだけれど、ゴルフに関しては決してプロ級ではない。その大仁さんが見事93で回っている。川淵さんが指導しながら、大仁さんの秘めたる能力を引き出したのだろう。

川淵さんが常々語るように、「人に教えることは自分も学ぶことに通ずる」のである。

「エージシュートをやったとき、ぜんぜん緊張しなかった。インの17番（ロングホール）まではぜんぜん意識しなかったんです」

千葉の金谷郷にあるヌーヴェルゴルフ倶楽部はフラットな林間コースではあるが、イン17番のロングホール（520ヤード）はアップダウンがある。そして、上りの18番は390ヤード。グリーンが見えない難しいホールである。なお、全体にグリーンはすごく速い。同倶楽部のパンフレットには「千葉エリア初の高速グリーン『ペンA-1』を採用。トーナメントのタッチをお楽しみください」と書いてある。

「17番のティーショットは最高でした。260ヤードくらい飛んだかな。あのときからエージシュートを意識し始めて、それで力が入ってしまい、セカンドは100ヤードしか飛ばなかった。3打目は5番ウッドでグリーンを狙ったんだが、これまたショートして手前の深いラフに入ってしまった。しかも、芝のなかに埋まっていた。それを見て、カーッと血圧が上がっちゃって。でも、何とか寄せてボギーにした。ボギーならまだエージシュートの可能性が残るわけです」

17番を終わってスコアは71。最終ホールでパー、またはボギーで上がればよかった。「最終ホールは緊張したけれど慎重に打って、セカンドもグリーンの横に落ちた。よし、と思って寄せようとしたら、これまた力が入って、ボールはグリーンの奥まで行っちゃった。パーパットは下りの6メートル。やれやれ、これではスリーパットもあるぞと思った」

川淵さんはエージシュートのプレーをよく覚えていた。スコアカードを見ながら、一打一打を再現して、丁寧に説明する。ちなみに、一流のスポーツ選手は自分が行ったプレーについて、克明に覚えている。野球選手は自分がホームランを打ったボールの球筋を説明できる。スキーのスラローム選手は100以上もある旗門をどうやって通過したかをすべてそらんじている。

「ゴルフはやっぱりメンタルが重要です。どんなときでもあきらめちゃいけない。入らないと思ってパットを打ったら絶対に入りません。必ず入ると思って打たなきゃならないけれど、それだと肩に力が入る。リラックスしながら、それでいて必ず入ると思うこと。リラックスするには、ゆっくりした動作を心がけることかな。

残りのパットを打つ前、ふとスリーパットしたらエージシュートがダメになると思いました。でも、あきらめないで打つしかないと考え直した。それで、いつもより、ゆっくりとした動作でパットしたんです。そうしたら、ゆるゆると転がっていって、そのままカップインしました。

エージシュートの瞬間、誰もおめでとうって言わなかった。私自身もそれほど感激したわけじゃない。あと、2、3回はやれるなと思った。

さて、ここで別の話をします。先日、発車間際の新幹線に乗ろうと思って東京駅の階段を駆け上がったんです。八重洲の車寄せから260歩を脱兎《だっと》のごとく、本人が思うに脱兎のごとく走ったわけだけれど、結局は間に合わなかった。それでもすごく達成感があった。結果はダメでも、あきらめないで全力を出すとすごく達成感がある。メンタルの力っていうのは、いくつになってもあきらめない気持ちを養うことです」

彼はもうひとつ話をした。サッカーのペナルティーキックに関する話である。

「ペナルティーキックも練習をするんですよ。どこの国の選手でも代表クラスなら、練習中は百発百中です。ペナルティーキックを外すことはない。ところが、本番になったら5人のうちひとりかふたりは外すわけでしょう。これこそ、メンタルの力だけれど、じゃあ、どうやってそれを強くするかといえば、やはり練習することでしょう。練習を通じて成功体験を積み重ねて、本番の自信にするしかない。ゴルフのショートパットってペナルティーキックと似てるよ。自宅で50センチの距離のパットなら、誰でもぽんぽん入れることができる。ところが、実際にゴルフ場に行くと、不思議なことに外してしまう。これを克服することは相当、難しい」

初めてやったゴルフ

彼が初めてクラブを握ったのは、早稲田大学を出て2年目の1963年のことだった。当時の彼は古河電工の横浜電線製造所に勤める社員であり、同社サッカーチームの一員、加えて日本代表チームのフォワードだった。70年に現役引退するまで、国際Aマッチ24試合に出場し、6得点を挙げている。

そんな彼がゴルフを体験したのは、東京オリンピック（1964年）に出場するための合宿中だった。

「千葉に検見川グラウンドという施設があります。私たち日本代表は長らく合宿所として使っていました。グラウンドになる前は東大が持っていたゴルフ場だった。ところが、『大学がゴルフ場を持つなどけしからん』と国会で問題になり、サッカー場、陸上競技場、ホッケー場などのグラウンドに改装されたのです。

ただし、僕らが合宿した時代はゴルフ練習場と9ホールのショートコースがまだ残っていました」

日本代表チームは西ドイツ（当時）から招請《しょうせい》したコーチ、デットマール・クラマーに指導され、猛練習を重ねていた。猛練習とはいえ、昼食休みは必ずある。川淵さんたちはグラウンドの隣にあったゴルフ練習場に行き、置いてあったクラブを手に取って、適当に素振りを始めたのである。そして、「よし、やってみよう」とみんなでショートホールを回ってみることにした。

「誰もゴルフなんかやったことないから、適当にボールを打って、歩き始めたんです。僕が7番アイアンを手に取って、勢いよく振ったらジャストミートして、10メートルくらい先にいた宮本輝紀のふくらはぎを直撃した。あいつは痛いと言っていたけれど、わりと平気な顔をしていた。しかし、よく見たら、ふくらはぎにボールの痕がついていて、真っ黒になって膨れ上がっていた。

普通の人なら確実に大けがですよ。鍛えられたサッカー選手の筋肉だったから、はじき返したのでしょうけれど……。宮本はちゃんと午後の練習にも参加してボールを蹴ってました」

その後、合宿の度にゴルフクラブを振り回したけれど、まだ、ゴルフの何たるかはわかっていなかった。

本格的にゴルフに取り組むようになったのは東京オリンピックが終わった2年後の1966年。事業部の伸銅販売課に異動して営業の最前線に出てからである。

「接待ゴルフが華やかなりしころですから、営業マンはゴルフができなければ仕事にならなかった。相手は問屋の親父さんでしたね。こちらは上司の課長と僕。課長から『川淵、少しは練習しろ』と言われて、ボールに紐がついていてゴムのティーに載せて打つ道具を買い込みました。毎朝、横浜にあった社宅の庭で、30分くらいボールを打ってから出社したものです。

接待ゴルフをしなきゃならなかったおかげで、コースに出たのも早かったし、やったのも一流コースばかりでした。1970年代でしたからゴルフ場自体も少なくて、やるとしたら一流のコースしかなかったんです。

コースデビューしたころの話です。磯子カンツリーの11番で思いっきりドライバーを振ったら、300ヤード近くも飛んじゃって……。むろん、パーシモンのドライバーです。飛んだのはよかったけれど、OBでね。でも、キャディさんは『あんなところまでボールが飛んだのは初めて』とびっくりしていました」

川淵さんは付け加えた。

「ドライバーの飛距離は腹筋と背筋の力があればいい。サッカー選手はいつもシュートの練習をしているでしょう。あれは腹筋と背筋を鍛えているようなもの。だから、サッカー選手とゴルフをやったら、みんな、驚くほど飛ばすよ」

3章

技術を考える①

・ドライバーについて
・アイアンについて
・練習とは
・フェアウェイウッドの打ち方

ゴルフは他人に教えると上手になる

川淵さんはいまでも年間50回はコースに出ている。相手は友人知人のときがほとんどだが、サッカー協会に関係しているスポンサー企業や首都大の人間もいる（考えようによっては、彼がやっているゴルフは企業の営業幹部がやるようなビジネスのためのゴルフである）。そして、一緒にやった人間は川淵さんの腕前に驚嘆し、「何かアドバイスしてください」と言ってくる。それに対して、川淵さんはこう答える。

「私はプロのレッスンコーチではありません。だから、ああやれ、こうやれと上から目線で教えることはできない。それに、私のゴルフは我流でした。しかも下手でした。その後、心を開いて、いろいろな人に教えを請うようになってから、スコアは自然とよくなっていった。私がみなさんに言えるのは、他人のアドバイスに耳を傾けるとスコアがアップすること。そして、一緒に回る仲間のスコアがよくなると、自分もよくなる。技術論では、私がさまざまな人たちから教わった『このやり方はいいな』と感じたことを伝えます」

本書にあるゴルフ技術論は川淵さんが日ごろ、一緒に回るアマチュアゴルファーに助言していることと同じである。

ドライバーの打ち方

まずはドライバーのスイングだ。

わたしが川淵さんから言われたことは「なめらかに大きく振る。リズムを大切にする。野地さん、いまのままでいいんじゃない」である。

そして、わたし以外の人間にも同じアドバイスをしていた。

「岡さん（岡康道　ＴＵＧＢＯＡＴ代表）、それでいいよ。言うことないよ。あなた、ゆっくり振ってるから飛ぶんだね」

川淵さんの指導法の特徴はホメ殺しと言える。

では、具体的にドライバーの打ち方を語ってもらおう。

「初心者、アマチュアの場合、ミスショットの原因はふたつしかありません。ボールを見ていないか、肩が回っていないこと。このふたつに気をつけるだけで、ドライバーショットは違ってきます。ただし、どんなに気を使ってもミスがなくなることはありえない。プロでもアマチュアでも、会心の当たりは全体打数の５パーセントといわれています。トップしたりテンプラしても、前へ進んだら、それでいいと納得することです。その代わり、空振り、チョロ、OB、池へ打ち込むことは絶対に避ける」

川淵さんが言ったことは、あらゆるゴルフ教則本に書いてあることだ。ゴルフレッスンの常識とも言えるだろう。ただし、わかっていることと、それを実行できるかどうかは別の話だ。「わかっちゃいるけどやめられない」ミスが出てしまうのが一般ゴルファーなのである。

ミスを減らすためにまず川淵さんがやっていることは、「打つ前のチェックポイントをいくつかに制限する」「慎重に打つ」。このふたつだ。

「打つ前にチェックしているのは5つです。素振りをしながらチェックします。

足を大きく開いているかどうか、ボールをちゃんと見ているか、肩を回してスイングしているか、左足体重になっているかどうかを確認します。そして、最後にグリップをゆるく握っているかどうかを見る。

この5つです。これ以上、チェックポイントを増やすと、頭が混乱してしまう。初心者は直さなきゃいけないことが多すぎるから、せいぜい5つくらいにしておいた方がいいでしょう。このなかで、どれがもっとも大切かといえば、それはやっぱりボールを見ること。空振り、チョロ、ダフり、トップ……、いずれも原因はボールを見ていないからです。ボールさえちゃんと見ていればクラブは必ず当たります」

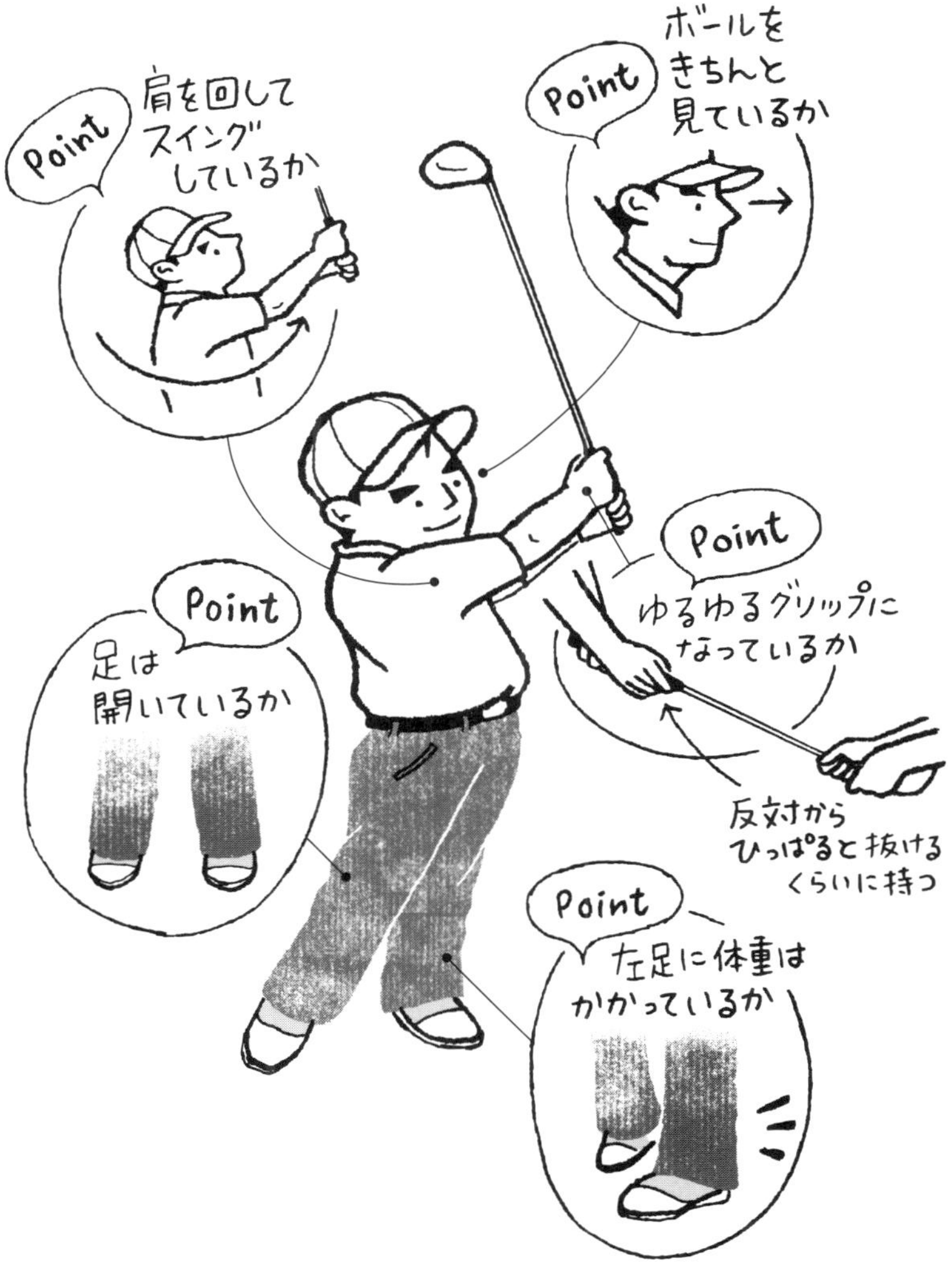
Point
肩を回して
スイング
しているか
Point
ボールを
きちんと
見ているか
Point
ゆるゆるグリップに
なっているか
反対から
ひっぱると抜ける
くらいに持つ
Point
足は
開いているか
Point
左足に体重は
かかっているか

ボールを見るという意味

「ボールを見ることがもっとも大切」

彼はつくづくと言った。

「サッカーでヘディングするとき、コーチはみんなボールを見ろという。でも、ヘディングの瞬間をとらえた写真を見ると、どんな一流選手でも目をつぶっている。それは、体の反射でしょう。ものすごいスピードでサッカーボールが額にぶつかったら、目玉が飛び出してしまうかもしれない。それを抑えるために体の機能として目をつぶっているんですよ。同じことがゴルフでボールを打つ瞬間にも言えます。自分の写真を見たのですが、やはりドライバーでボールを打つ瞬間、目はつぶっていました。

そのときに思ったんですよ。僕らはボールを見ている意識はあるけれど、実際は見ていない。ボールを見るとは、打った後もボールがあったはずの地面を見続けること。そうすれば体は動かない。たいていの人はクラブがボールに当たる前に前方に目をやる。ボールの行方を追う姿勢になっている。それで、トップしたり、ダフったりする。他人が打つところを見ていればよくわかります」

この説明は説得力があるのではないか。ボールを見るというよりも、ボールを置いた場所を見続ける姿勢を保持することだ。

頭から下半身までひとつの軸が動かなければスイング軌道はボールに当たらざるをえない。頭や体が動くからスイングの軌道がずれてしまう。ただ、理屈ではわかっているけれど、ゴルフ場に行くと忘れてしまう。だから、ミスショットが出る。

ソフトバンクの孫正義氏はあるゴルファーにこう教えたそうだ。

「ボールを見るんじゃないんだ。ボールにあるディンプルの数を数えるんだ」

孫さんは上級者ゴルファーだ。一緒に回ったことがないからわからないけれど、おそらくミスショットは少ないだろう。彼はボールを見るのではなく、凝視しているから姿勢が動かないのだ。それくらいの気持ちで頭を動かさないことに徹する。決して、ボールの行方を追ってはいけない。

足を開いてゆるく握る

次もティーショットを打つときのアドバイスである。

ポイントは正しいアドレス、そして、クラブの握り方である。

「打つときは肩幅以上に足を開く。子どもが股の間をくぐれるくらい、しっかりと足を開く。下半身を安定させて、がっちりしておくと、上体が暴れません。また、このとき、靴を平行にして構えることが大事。かかとをせまくして、がに股にしたら、下半身が安定しません。つま先を内に向けるくらいのイメージで両足を広げる。大切なことは、右膝を動かさない。そうして正しいスタンスが取れたら、クラブをすっと引いて、すっと打つ。左手でクラブを上げて、右手で打つ感覚です」

やってみると、これまでわたしはかなり、足の間をせばめて打っていたことがわかる。下半身が安定していないと、クラブを上げたとき、上体が伸びてしまう。トップしたり、ダフる原因になる。最初は違和感があるけれど、足を広げることで、安定感は増す。

「もうひとつ大事なのはクラブをゆるく握ること。これは中嶋常幸プロから教わりました。『チェアマン、クラブはなるべくゆるゆるで握った方が飛びますよ』と。

以来、『ゆるゆるスイング』と名づけて、実行しています。でもね、ＯＢを打ったりして、頭がカーッとなっちゃうと、つい、グリップを強く握ってしまう。そうすると、ボールが飛ばなくて、また頭にくる。

グリップをゆるく握ることはリラックスにもつながる。ボールに当たる瞬間もできるだ

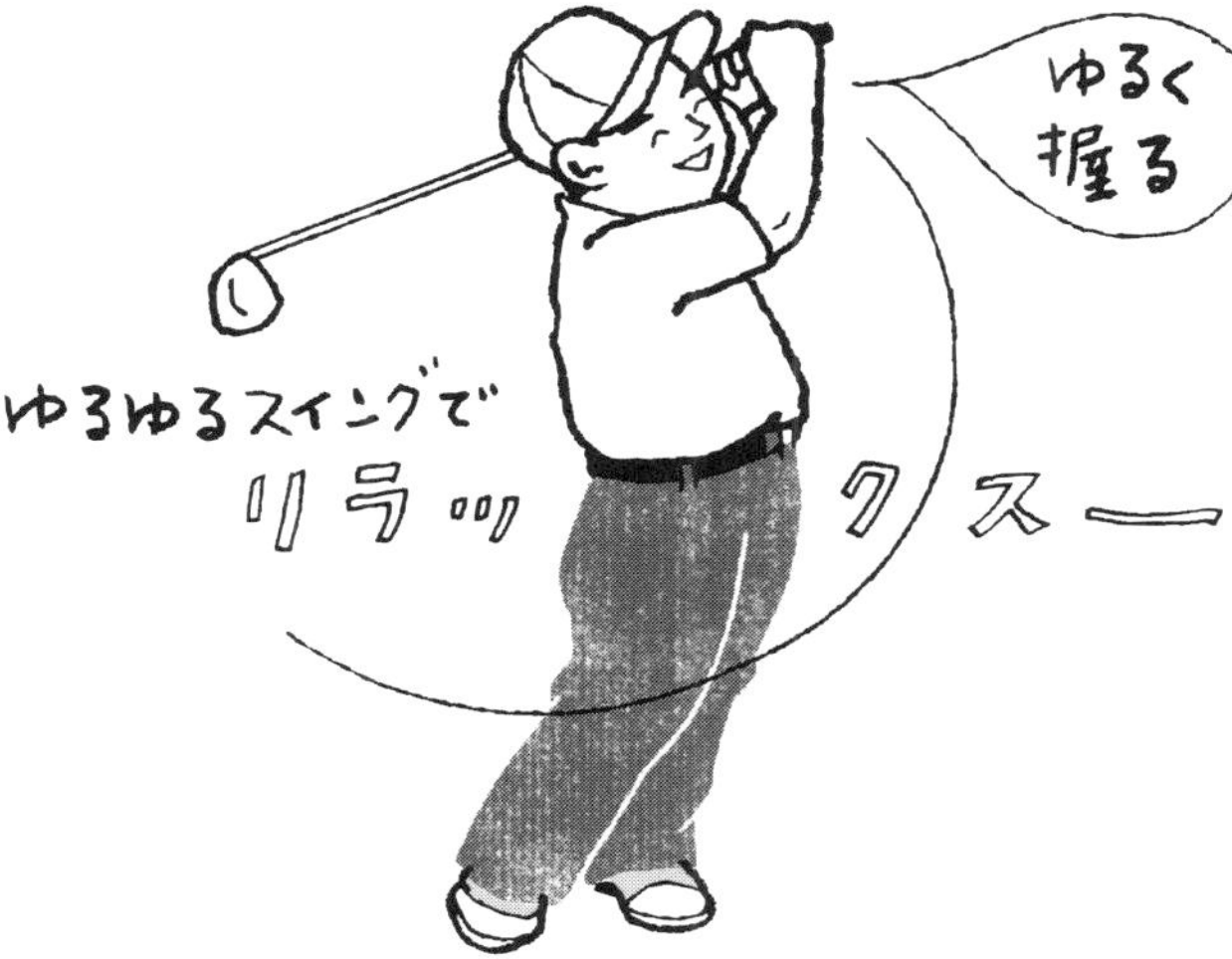

けゆるゆるのままでいること。ゆるゆるスイングをすると、ボールに当たった後、ヘッドが走る感覚があります。

ただ、口で言うのは簡単なんだけれど、聞いただけではなかなかイメージを持ちにくいのが、ゆるゆるスイングだね。初心者はどうしても、がちがちにグリップしてしまう。そうすると、肩が上にあがってしまって、トップしやすくなる。こればっかりはゆるゆるスイングで打っている人に一度、見てもらうのがいちばんいい。

大仁さんも最初はがちがちに握っていたから、ゆるゆるにした方がいいよと言ったんです。そうして、人に言われたことで、だんだん意識するようになった。ゆるゆるで打つと驚くほど飛距離が伸びる。固く握ると棒でボールを打っているようだったのが、ゆるゆるだと、ひもの先に砲丸を吊るしたものでヒットする感じになります」

ドライバーで飛ばすためのチェックポイント

千葉県の千葉夷隅《いすみ》ゴルフクラブでプレーをしたときのことだ。川淵さんはその日、ドライバーが当たっていて、ロングホールではどこでも250ヤード近く飛ばしていた。しかし、見ていたら、満身の力を込めて振っていたわけではない。顔を真っ赤にして振っていたのでもない。しかし、それでも、ボールは高い弾道で飛んでいくのである。

わたしは聞いた。

「どうすればボールは飛ぶんですか？　読者も知りたがると思います。ぜひ、コツを教えてください。聞いた話ですが、売れるゴルフの本は『ドライバーでいかに飛ばすか』が必ず書いてあるそうです。ここは聞かなくてはなりません」

「なるほど」

川淵キャプテンは莞爾《かんじ》と笑った。

「これは中嶋常幸プロからの受け売りだけれど、ボールを飛ばすためのチェックポイントがあるんですよ」

そうして、次の5つを教えてくれた。繰り返しもあるけれど、忘れないように書いておく。

・正しいアドレス

足は肩幅よりも広めに開く。重心はつま先でもかかとでもなく、両足の中心、土踏まずに置く。

「他のゴルファーを見ていると、つま先に重心を載せている人が多いようです。若いうちはそれでも体に復元力があるからいいけれど、年を取って筋肉が弱ってくると、クラブを振ったときにつんのめってしまう。それではボールに当たりません。しっかりとアドレスすることです」

・ほんの少し両足のかかとを開いて立つ

「ほとんどの人はつま先を広げています。安定した姿勢は足を平行でなく、少しだけでいいから、かかとをさらに広げる。そうすれば両足が地面をグリップします」

・握るのはゆるく

「ゆるゆるグリップでないとヘッドが走りません。打つ前に、ゆるゆるに握っているかどうかを口に出して確認してください」

・オーバースイングにならない

「飛ばしてやろうと思うと、つい、オーバースイングになる。ボールを飛ばそうと思ったら、せいぜい肩の位置までクラブを上げればいい。そうして上げたところで、一呼吸おいて、そしてフィニッシュまで振る。オーバースイングは当たりそこねもある。むしろ、フィニッシュを意識するといいでしょう」

・わきは開けてもいい

「よく、スイングの最中に脇をしめておけというアドバイスがあるけれど、そこまで脇を意識しなくてもいい。オーバースイングをしなければ、打つ少し前の段階で自然と脇がしまる。脇を意識するよりも、オーバースイングにならないように気をつけること」

川淵さんはこの5つをチェックして。ティーショットに臨んでいる。

また、オーバースイングにならないための練習が室内で素振りすること。家具を少しずらした自宅の居間でスイング練習をするという。

「もちろんフルスイングはしません。狭い部屋だし、家具やテレビを壊すと妻や娘に怒られる。ショートアイアンを持って、肩から肩までのスイングを20回。力を入れずに振っていると、軌道が安定してくる。ゴルフ場でドライバーを持ったときも、同じような感覚で肩から肩まで振る。ただし、フィニッシュは意識する。それがいちばん飛ぶ」

アイアンのスイング

川淵さんのベストスコアは70だ。しかも、屈指の難コース、名古屋ゴルフ倶楽部和合コースで出した記録である。当時、50代前半、彼は古河電工名古屋支店伸銅事業部で営業部長をしていた。顧客とのつきあいもあり、毎週のように和合でゴルフをしていたのである。同倶楽部ではシングルプレーヤーだった。かつ全ホールでバーディを取った記録も持っている。

「川淵はゴルフばっかりやっていたから、子会社に出されたと噂《うわさ》されたこともあった」（本人談）

事実、彼はその後、子会社の古河産業に出向になったのだが、「会社人生の終わりがわかったからサッカーの仕事をやるようになった」（これまた本人談）。

そうして、サッカー協会にかかわるようになり、彼が主導してJリーグができた。日本のサッカーが隆盛になったのは、川淵さんがゴルフばかりやっていたためとも言えないこともない。もし、仕事ばかりしていたら、古河電工の幹部になり、そうであればJリーグは存在していないだろう。

さて、本人はゴルフの上達には練習が必要と言っている。

「いまでもハーフで42までのスコアならば納得しています。43は自分としては許せない。一度、70歳を過ぎてから、『90台で回るゴルフでもいいか』と思ったことがある。そうしたら、みるみる下手になっていった。上達するには向上心がいります。いくつになってもうまくなってやろうという気持ちと練習量がないと上達はしないし、飛距離は伸びませんし」

そんな彼が「ゴルフをやっていて、最大の喜び」と語るのは「アイアンが芯を食ったときの感触」である。

「アイアンはどの番手であっても、芯を食えばすごくよく飛ぶ。しかも、ピタッと止まる。では、どうすればいいのか。まずは練習場で芯を食った感覚を体に覚え込ませること」

練習場では、たとえば7番アイアンを持つ。そして、「時計の針の8時から4時までのスイングでボールに当てる」。そうして、芯を食った感触を体感する。

「8時から4時までのスイング」はハーフスイングよりもまだ小さな弧を描くそれをいう。小さな振り幅ならば、10球のうち、3球くらいは芯に当たる。また、それくらいでなくてはならない。練習していくうちに芯に当たる回数は増えていく。そうしたら、次は振り幅を大きくしてハーフスイングにし、いずれはフルスイングに持っていく。そうして、ひたすらクラブの芯に当てる練習を繰り返す。

そして、誰かにスイングを見てもらう、もしくは動画に撮る。

「私は練習場に娘と一緒に行きます。打っているところを娘に動画で撮ってもらう。いまはスマホがあるから、いつでも動画を撮ることができるでしょう。そうして、動画を見せてもらったら、自分のどこがダメなのかがわかる。ダメなときは肩に力が入っているし、ボールにちゃんと当たっていない。練習場に行って、何十球も打つよりも、自分が打っている姿を客観的に眺めることです。そんなとき、スマホの動画は便利です」

ひとつ付け加えると、ショートアイアンはちゃんと打てても、ロングアイアンが苦手という人がいる。

ロングアイアンの場合、失敗しやすいのは「飛ばしてやろう」と思って、力が入ることだ。そういうときこそ、ゆるゆるスイングを思い出して、リラックスしてから打つ。

練習について

川淵さんは練習について、こう思っている。

「もともと自分はサボり屋だから、練習は嫌い。サッカー代表選手のころだって、早く終わればいいと思いながら、練習していた。ゴルフを始めたときも同じだった。お客さんと一緒にゴルフをやるのに空振りだけはまずいと練習場へ行ったけれど、籠《かご》の鳥みたいなところで打っているのが嫌になって……」

古河電工に入社し、営業マンになった彼は接待ゴルフへ誘われるようになった。相手は伸銅品を扱う問屋の社長たちで、磯子カンツリー、武蔵カントリー、川奈ホテルゴルフコースといった名門のゴルフコースばかりに行った。

「空振りはできない」と思ったのも当たり前だ。

「ボールにひもがついた練習用具（パンチャー）があるでしょう。あれを買ってきて、社宅の芝生の上に置いて練習していた。でも、あれ、なんとなくむなしい気分になる。でも、割合、一生懸命あれをやった。アプローチは早朝、社宅のそばにあった野球場の外野に行って、芝生の上で練習していたんだけれど、係の人に見つかっては怒られた。

ただ、怒られているうちに、クソッと思って、向上心が湧いた。毎朝、社宅の庭でボールを50球は打ってから出勤して、ゴルフをやらない休日は朝早く野球場へ行って、見つかるまで練習した」

彼は「まったくの我流」でゴルフを始めた。グリップもスイングも古河電工の先輩に教わった程度である。最初はクロスグリップだったが、いまはオーバーラッピングにしている。

「一度も習ったことがないまま、80台のスコアが出るようになったのだけれど、その後、名古屋ゴルフ倶楽部の和合コースのメンバーになりました。初めてプロのコーチから教わったのがその時代です」

彼が教わったのが鈴村照男プロだ。「初めての大卒、学士プロ」と呼ばれた、和合コースの所属プロで、真面目な人柄のプレーヤーだ。

「川淵さん、あなたはボールが飛ばないように打っている。力だけではボールは飛ばない」

そう指摘された。

「では、どうすればいいんですか」と聞いたところ、「こうやりなさい」と言われたのがカット打ちだった。大根切りのようなカット打ち練習ばかりだった。

「もちろん、ボールはスライスして右の方へ飛んでいくんだが、意図せずにスライスしてしまうのと、わざと右へ打つのはぜんぜん違う。カット打ちしようとすると、なかなかボールが飛ばない。

　鈴村さんがカット打ちを通して教えてくれたことは、『意識して、正しく』ボールをクラブフェースに当てること。それでショットはまったく変わります。ただし、私がカット打ち練習をやったからといって、みんながみんな、それで上手になるとは思いません。我流でやってきた人も一度はどこかでプロに教わった方がいい。ただし、教わる人は自分で選ぶこと。自分自身が尊敬できるようなプロに習うことです」

　川淵さんに言わせると、「練習していると、最後の方になってから、いいボールが出るようになる」。これは、慣れのせいもあるけれど、疲れてきて、体から余計な力が出なくなったからではないか、と。

「だから、練習場で力の抜き方を学ぶといい。最初は力いっぱい振る。そのうちに疲れてきて力いっぱい振れなくなるから、そのときが力が抜けた状態なんです。力が抜けた状態のスイングを覚えておくこと」

大根切りショットの話を聞いてから、わたしも練習場でやってみた。使うのは7番アイアン。ドライバーやフェアウェイウッドでカット打ちをするのは初心者、中級者には難しい。

ハーフスイングでカット打ちしているとボールはきれいに曲がる。面白いのはカット打ち練習をしていると空振り、チョロ、トップ、ダフりはないことだ。それは、わたしがうまいからではない。日ごろ、やらないカット打ちをするときは慎重になってボールを凝視する。ボールにクラブフェースを当てることだけを考えるから当たりそこねることがない。

ただし、実戦では使えないくらい大きくスライスすることはある。ハーフスイングで30球も打っていると球筋は安定してくる。ちゃんと当たればカット打ちしても、意外と距離は出る。

そして、50球ほどカット打ちした後、今度は7番アイアンで、いつものように打つ。ただし、ハーフスイングから始める。ボールにクラブフェースが当たった感触を覚えているから、芯を食った当たりが出る。

川淵さんがやったカット打ちはドライバーを使ったものだ。さらに高度である。ただ、初心者、中級者はそこまでやらなくとも7番アイアンでカット打ち練習をするといいのではないか。カット打ちをしながら芯を食った当たりを体感すればいいと思う。

近ごろ、わたしはコースに出る前のウォーミングアップでは、つねにカット打ちをするようになった。だから、カット打ちには自信がある。そして、カット打ちした後、普通のスイングに戻して打ったときに気持ちのいい当たりが出る。かなりスカッとする。スカッとしたら、そこでウォーミングアップをやめて、1番ティーに向かう。気分上々でティーショットを打つ。

素振りの練習

川淵さんは2種類の素振り練習をやっている。ひとつは誰もがやる素振り。仮想のボールを地面に置いて、それにミートするように振る。クラブフェースがボールに正対することを確かめる。ドライバーでもサンドウェッジでも同じように振る。自宅で何回と決めて振ることもあるが、ゴルフ場でウォーミングアップとして振ることが多い。

「もうひとつは素振りの道具を使います。野球のバットの半分くらいの長さのもの。でも、その道具が世の中でいちばんいいと言っているわけではありません。素振りの道具はいくつも種類が出ているからどれでもいいんです。問題は道具の使い方です。

まず、クラブヘッドの重みを感じるように振る。そして、次に素振りした後、同じ軌道を通して戻す。振ったときと戻すときに同じ軌道を通すことを考えるわけです。そうすればスイング軌道が安定するでしょう」

川淵さんのスイングを見ていると、つねに同じ軌道で振っている。だから、同じところに当たって、同じようなボールを打つことができる。確かに、やってみると振ったときと戻すときを同じ軌道で素振りすると安定してくる、ような気がする。

素振りひとつでも工夫をするだけでスコアは変わってくるのだ。漫然と何百回、素振りするよりも、あるいは練習場でとにかく数を打つよりも、スイングを安定させることを考えて振ることだろう。

アイアンで残る距離について

川淵さんとゴルフをするとき、わたしはつねに「気がついたことを何でもアドバイスしてください」と強要している。

彼は「わかった」と答える。しかし、だからといってすぐに「ああした方がいい、こうした方がいい」とは言わない。午前中はじっとわたしのプレーを見ているだけだ。

たとえわたしが、チョロしたときでも観察に徹して、さらに「いまのはスイングはよかったんだけどね。残念だったね」と、ほめ殺し発言をする。基本的にダメ出しはしない。

「野地さん、あなたのここがダメなんだよ。ゴルフなんかやめて、うちに帰って寝た方がいい」なんてことは絶対に言わないのである。

ただし、観察を終えた午後になってから、ひとつかふたつ、ポイントを絞って指摘する。

「野地さん、あなた、グリーンまで残り160ヤードだったら、何番で打つ？」

「はい、6番アイアンです」

「じゃあ、170ヤードは？」

「う―ん、5番アイアンを持つ自信がないから、ユーティリティにしようかな……。でも、やっぱり、5番アイアンを短めに持って打つしかないかな」

川淵さんは真面目な顔になって懇切丁寧に教えてくれた。

「いい、ゴルフ場のミドルホールってだいたい、三百数十ヤードでしょう。アマチュアがティーショットを打ったら、残りの距離は160ヤードから170ヤードということが多いんだ。そこで、160ヤード、170ヤードの距離をたとえグリーンをはずれても正確に打つことが必要とされる。逆に言えば、その距離の精度をあげて寄せに自信をつけられればスコアは必ずアップします」

なるほどと思った。

彼はなおも続けた。

「野地さん、あなたがクラブの選択を迷っていたのは5番アイアンもユーティリティも苦手なんでしょう？」

「はい、おっしゃる通りです」

「クラブの選択で、迷ったまま握ると、迷いを抱えたまま打つことになり、ミスショットになりやすい。

『この距離ならこのクラブを持つ』と自動的に決めておくこと。『自動的に持つこと』が大事なんだ。そうすれば苦手なクラブはなくなる。打たないと上達しないから、どのクラブもすべて距離に合わせて使うべきです」

また、彼が付け加えたのは前述の通り、「得意なクラブを1本だけでも作っておく」ことだ。

「私は初心者だったころ、7番アイアンばかり練習していた。当時は振り回していたから、7番アイアンで180ヤードくらいも飛んだけれど、いま7番アイアンは150ヤードきっちりの飛距離です。グリーンまで150ヤードの距離が残っていたら、よし、シメたと思って、7番を握って、自信を持って打つ」

川淵さんが教えてくれたことのなかでも、「160ヤード、170ヤードの距離を正しく打て。たとえ方向が多少狂っても」は具体的で効果的なアドバイスだ。練習場では6番アイアンを持って、160ヤードを打ち、次に5番アイアン、もしくはユーティリティを持って170ヤードを打つ。そして50ヤード以内の寄せの練習を徹底的にやる。そうやって、具体的な課題を作って練習することだ。

フェアウェイウッドはフェアウェイで持つクラブなのか

「僕はフェアウェイウッドをよく使います。ロングホールはもちろん、長めのミドルホールでも使う。逆にユーティリティは慣れていないから、あまり使うことはない。

2打目の精度が大事という話をしたけれど、僕はフェアウェイウッドに自信があるから使っているだけ。でも、初心者、中級者のみなさんはどうだろう？

自信を持ってフェアウェイウッドを握っている人をあまり見かけない」

川淵さんの言葉は正鵠《せいこく》を射ている。わたし自身、クラブをセットで買ったときにフェアウェイウッドが付いていたからゴルフバッグに入れているだけだ。そして、フェアウェイで打つと成功の確率は4回に1回程度。チョロしたり、右や左へ飛んで行ったりしてしまう。OBになったこともある。1打目がよかった後だと、がっくりくる。

川淵さんは言う。

「自信があるなら、ロングホールの2打目でスプーンを持ってもいい。でも、失敗すると確実に2つはスコアが悪くなる」

では、どうすればいいか。

ゴルフは手前から攻めていくとパーが取れるスポーツだ。

たとえば400ヤードのミドルホールがあったとする。初心者、中級者のドライバーが200ヤード飛んで、残った距離が200ヤードになったとする。大半の人はフェアウェイウッドでグリーンを狙う。だが、成功する確率は高くはない。それでも素人は、ついついバッグからウッドを引き抜いてしまう。2オンさせてやろうという欲もあるし、一緒に回るメンバーへの見栄もある。

そういう考え方をガラッと変えるのはどうだろうか。

残り200ヤードだったら、自分が得意としている百発百中の7番アイアン（たとえばの話）を持つ。自信を持って打つ。ただし、飛ばしてやろうと考えてはいけない。ただまっすぐに150ヤード打つ。残り50ヤードのアプローチも自信を持って対応する。

この考え方は、何も川淵さんが最初に思いついたことではない。教則本にも書いてある。しかし、この通りやっているのは上級者だ。初心者、中級者でこうした考え方で2打目に対処する人は珍しい。

「グリーンオーバーさせてしまうと、左足下がりの難しいアプローチが残る。ボールをピタッと止めなくてはならない。そして、仮にピタッと止まったとしても、下りのパットが残る。それよりも、欲を出さずにつねに手前から攻める。50ヤード以内のアプローチをしっかり練習すればパーは拾えます。いや、パーを拾うという表現がよくない。2オン2パットも3オン1パットも同じパーです」

考え方を変えるだけでスコアはよくなる。それが川淵メソッドだ。

つまり、フェアウェイウッドに自信がない人はフェアウェイでは持たないことだ。短いミドルホールのティーショットで使う。あるいは、長いショートホールのティーショットで使う。ウッドの3番などは、ゴルフのツアープロが2打目に使うクラブだと割り切って考えた方がいい。素人がフェアウェイでフェアウェイウッドを使ってもいいことはない。

それでもフェアウェイウッドを使う場合のスイング

基本的に初心者はフェアウェイでフェアウェイウッドを持たない方がいいと書いた。しかし、それでも打ちたいという人のために川淵さんはこんなアドバイスをする。

「フェアウェイウッドの失敗は、飛ばしてやろうとしてオーバースイングになること。フェアウェイウッドを持つときの状況はロングホールの2打目、もしくはミドルホールで1打目をチョロしたときでしょう。飛ばしたいと思うからフェアウェイウッドを握る。

打ってやる、飛ばしてやるという気持ちで握るから、ゆるゆるグリップを忘れてしまう。そのうえ、力を入れるからダフったり、チョロになったりする。

フェアウェイウッドを持ったときは、『スイングを作る』という気持ちで振ること。林の中からボールを出すときと一緒で、コンパクトに振る。ちゃんと当たれば飛ぶようにできているのがフェアウェイウッドだから、無理やり振り回すことはない」

フェアウェイウッドと同様に、初心者がどうやって扱えばいいのかが、いまひとつわからないクラブがユーティリティだ。川淵さんはどう使いこなしているのか。

「ユーティリティはアイアンの延長線上にあるクラブです。ただし、僕は打ち込んだりはしません。払うように打っている。打ち込もうとすると力が入って飛ばない。ショートアイアンならば飛ばなくてもいい。しかし、ユーティリティはやはり距離を稼ごうと思って持つクラブだから、正確に当てることでしょう。その際、重要なのが、クラブのソールと地面がすべて接地するように振っているかどうか。意外と多いのがヒールは接地しているけれど、トウが浮き上がっている人。ゴルフクラブはソールが地面にすべて接地するようにして振らないと、本来の飛距離が出ません。アドレスの際に気をつけることです」

4章

技術を考える②

・ミスをふせぐ心がまえ
・アプローチについて
・パターの打ち方

ミスをふせぐ心がまえ

ゴルフはプロでもアマチュアでも、ラウンドの際に必ずミスが出る。ミスとつきあいながらラウンドするのがゴルフというスポーツだ。チョロしたり、バンカーから出なかったり、OBを打ったり……。しかも、一度ではなく、何度も繰り返す。

では、どうやったら、ミスを最小限にすることができるのか。

「トラブルにならないようにするには、ボールにクラブフェースを正対させて確実にヒットする。そうすればまっすぐに飛ぶ」

ゴルフの教則本にはこんな内容のことが書いてある。そして、誰もがそのことをわかっている。しかし、わかっていても突発的に出てしまうからミスショットなのである。

川淵さんだって時々、ミスをする。トラブルにも陥る。では、彼はミスやトラブルと、いかにつきあっているのか。どうやって、ミスを繰り返さないようにして、スコアを作っているのか。

「朝一番や午後一番のティーショットをミスする人は多い。また、あごが高いバンカーから出ないことがあるし、バンカー越しのグリーンにボールを乗せようとして、ザックリすることも多い。前のホールでOBを打った後、ティーショットを曲げてしまうことも少なくない。

煎じ詰めれば、ミスをするときって、自信がないときです。何となく不安だなあという気持ちがミスにつながる。

『池に入れるんじゃないかなあ』と思いながら打つと、ほぼ確実に池に打ち込んでしまう。

結局、どんなときでも自信を持って打つしかない。だが、なかなかそうはいかないんだ。

じゃあ自信をどうつけるかといえば、それは練習なんです。練習もしないでプレーをしても自信はつかない。だから、まずは少しでもいいから、時間を見つけて練習場へ行く。

もしくは、コースに早めに行ってボールを打つ。終わってからも練習場で打つ。『オレはこれだけたくさん練習をした。だから、失敗するはずがないんだ』。こういうことを自分に言い聞かせることでしょう」

川淵さんが言う通りなのだけれど、一般ゴルファーはなかなか練習場へは行けない。平日は仕事だし、休日は家族の目が光っている。それが現実だ。だから、せめて、ラウンドがある日は少しでも早くコースに着くこと。そして、基礎的な練習だけをする。

「付け加えたいことがある」と、川淵さんがミスショットをしないための心がまえを話す。

それは、トラブルでは、スイングを作ることに専念することだ。

「先日、左足下がりのライで目の前がバンカーということがありました。バンカー越しにグリーンに乗せなくてはならない。しかも、ボールがあった場所は芝が剝《は》げていて、土が露出していた。完全なトラブルです。失敗したら、バンカーに入るか、トップしてグリーンをオーバーしてしまう。

バンカーを越さなければならないけれど、かといって、大きく打つとパットの距離が長く残ってしまう。

打つ前に、言葉に出して自分に言い聞かせました。

『いいか、打ちにいっちゃダメだ。スイングを作ること。ゆるゆるスイングでリラックスして打つ。それだけだ』

そんな独り言をつぶやいた後で打ったら、うまくボールが上がってバンカーを越え、ピンに近づきました。そのホールはパーでした。ミスショットをふせぐには、チェックポイントを打つ前に口に出して言うことも効果があります」

傾斜地でのショット、つま先上がりとつま先下がり

つま先上がりのショットは左に引っ掛けやすい。ゴルファーならみんなが知っている。「目標を右に置いて打つ」が基本だ。しかし、初心者、中級者はどれくらい右へ向かって打っていいのかわからない。

川淵さんはどう対処しているのか。

「つま先上がり、つま先下がりなど傾斜地でのショットは無理をしないのが原則です。上手な人は斜面から無理やりグリーンを狙ったりはしません。余裕を持って、コーンと打って、グリーンの周りに置くだけです。そこから寄せてパーを狙う。つま先上がりでもつま先下がりでも強引に打つとOBになったり、林のなかへ入ったりする。林からの脱出と同じ気持ちで、フェアウェイに出せばそれでよしとすること。

つま先上がりのときは7番か9番を持って、コーンと打つ。スイングが早くならないように気をつける。

つま先下がりのときはスタンスとグリップが大事です。つま先下がりは坂を背にして立つことになる。クラブを長く持った方がボールに届くと思う人がいるけれど、あれは逆です。腰を落として、クラブを短く持つ。そして、下半身を安定させて手だけで打つ。飛ばそうと思っちゃいけません。これも7番、もしくは9番です。上級者ならフェアウェイウッドで打ってもいいけれど、失敗したらとんでもないことになる。傾斜地からのショットは出ただけでラッキーと思うこと」

バンカーからの脱出

初心者、中級者にとって、バンカーに入ることは悪夢に等しい。

たとえば、こんなことがある。ティーショットは上々だった。フェアウェイのど真ん中にある。そこからグリーンを狙う。よし、当たりもいい、しかし、上空の風がアゲインストで、見ていると、ボールは失速していく。「ああー」と素《す》っ頓狂《とんきょう》な声が出てしまう。

ボールは失速したまま、グリーンの手前にあるバンカーに吸い込まれるように入っていく……。

一瞬の後、ほがらかな声がする。

「野地さーん、バンカーに入りました。絶対に入りました」

キャディさんがきっぱりと宣言する。

わたしはがっくりしているのだが、顔に出してはまずいと思いながら、サンドウェッジを携えて歩いていく。意気は上がらない。

「どうやって出すかな」とバンカー脱出の手順を頭のなかで繰り返す。何度繰り返しても、なかなか理想の脱出イメージが浮かんでこない。嫌なイメージは浮かぶ。まずいと思う。バンカーレーキを動かして、スタンスを決めながらも、まだまだ頭のなかには成功イメージは浮かんでこない。

そのまま打つ。

1回で出すことができれば気分は最高なのだが、2度、3度、出ないこともある。そうなると、冷や汗が出るばかりだ。無理して笑顔を作るのだが、同伴競技者はわたしの方を見ていない。いや、見ようとしていない。周りも声がかけにくいのだ。それぞれ、あらぬ方角を見ている……。

そういうことにならないよう、川淵さんにバンカーから1度で出す方法を教えてもらった。

「サンドウェッジですけれど、私は2種類使っています。ひとつはバウンスが薄いやつ、もうひとつはバウンスが分厚いもの。ロフトは56度で同じです。

バンカーの砂が硬くて、砂が薄いときはバウンスの薄いサンドで打ちます。ふかふかの砂の場合はバウンスの厚い方で打ちます。ふかふかの砂のときに薄いサンドウェッジで打つと、ボールの下をくぐってしまうことがある。それで、バウンスの厚いサンドウェッジを使います」

　要は、バンカー脱出するためには、サンドウェッジは2本あった方がいいということだ。「2本はもったいない」と思う人はバウンスの厚いサンドウェッジを買おう。そして、下が硬い砂のときはアプローチウェッジで代用する……、と思ったけれど、中古でいいから2本あった方がいい。。

　では、打ち方である。

「大事なのは左足に体重を載せること。普通、ボールを打つときは両足に均等に体重を載せろという。しかし、見ていると、普通の人はどうしても右足体重になっています。バンカーで右足に体重を載せて構えると、すくい打ちになって出なかったり、トップしてバンカーのあごに当たる。それで何度も打つことになってしまうんです。思い切って、7対3、もしくは8対2くらいの気持ちになって左足に体重を載せる。そうして、クラブを真上からぽんと落としてやる。あごが高ければ高いほど左足体重を意識するといい。目玉になったときでも左足に体重を載せる。

　思えばドライバーを打つときだって、左足体重でいいと思うんだ。その方が確実にボールがつかまる」

　このアドバイスは有効だ。わたし自身はあるプロから、「バンカーに入ったら、左足だ

けを砂のなかに埋めること。そうして、頭の高さを一定に保つことだけ気をつけろ」と教えられた。

左足だけ砂を掘るのは、左足体重と同じことだ。バンカーは意識的に左足体重にするだけで確実にボールを出すことができる。

しかし、ここまで教えてもバンカーが苦手な人はいるだろう。では、2度、3度やっても出ない人にはどんなアドバイスをすればいいのか。

川淵さんはエピソードを交えて説明する。

「以前、『僕はバンカーが下手なんです』というお役人とゴルフに行った。ものすごくバウンスの厚いサンドウェッジを持っていて、それでバンカーに入っていった。確かに出ないんだ。4回、5回、6回。やっても出なかった。

私たちが『もういいです。外に出していいですよ』と言ったのだけれど、『いえ、やります』と頑固なんだよ。それで、そのまま見ていたら10回以上打って、やっと出た。気が気じゃなかった。

そのときにわかったのだけれど、彼が出したときのショットはやけくそで思いっきり振ってたね。だから、2度打って出なかったら、やけくそになるしかない。グリップだ何だと考えずにやけくそになって、思いっ切り打つ。ホームランだっていいんだ。あとは、いつ、やけくそになるかのタイミングだけだ。2度やって出なかったら、3度目からはやけくそで打つこと」

林のなかからの脱出

ゴルファーなら誰でも林のなかへ打ち込む。プロ選手は立木の隙間をうまく通して、グリーンまでの最短距離を狙う。ただし、それは競技だからだ。生活がかかっているからリスクを恐れずにチャレンジする。しかし、わたしたちアマチュアゴルファーはそんなことはしなくていい。

いちばん広いところへ向かって出す。距離を稼ごうと思わず、フェアウェイの真ん中へ出す。下半身を安定させて、ボールを凝視して打つ。そして、「飛ばそうと思ったらひどい目に遭うぞ」とひとこと呟く。そして、手だけで打つ。

そうすると、確実にフェアウェイの真ん中にボールが出る。林からの脱出で、もっとも多いミスはボールの行く先を見るために体が泳いでしまい、頭が動くことだ。そうすると、林のなかでチョロを打つことになる。林のなかでのチョロはかなりへこむ。

とにかくフェアウェイに出すのが原則である。

ただし、林のなかからのボールでも、打ってはいけないケースがある。

「木の根っこに止まっているボールは打つことはありません。アンプレヤブルを宣言して、ドロップして打つ。1罰打です。でも、絶対に打たない方がいい」

川淵さんは以前、「これは大丈夫だろう」と思って、木の根っこにあるボールを打った。振った後、クラブが木の幹に当たり、クラブ自体は傷つかなかったが、右手の薬指に衝撃が走った。30年たったいまでも、彼の薬指は曲がっている。

「私たちのゴルフは命がけでやることじゃない。振ったクラブが木の幹に当たるという衝撃力は相当なものです。私のまねをしないように」

川淵さんには鮮明に覚えているシーンがある。これもまた古河電工の営業マンだったときのこと。磯子カンツリークラブでプレーをしていて、2番ホールまで来た。前の組はふたりだった。川淵さんたちはティーグラウンドからじっと見ていたのである。

「おばあさんと息子さんがふたりでプレーしていました。おばあさんがバンカーから打つのを息子さんが横に立って、見ていました。ぽんと打って、ボールがふわりと飛び出したのが息子さんの頭に当たったんです。そうしたら、息子さんが足をすくわれたかのようにバッタリ倒れて起き上がりません。大丈夫かなと走り寄ったら、ぜんぜん動かない。救急車を呼んだのですが、その後、救急病院に運ばれて行きました。その後のことはわかりませんが……。

あんな小さなボールですけれど、勢いがなくても、当たったら大変なことになります。ですから、木の根っこにあるボールは万が一を考えて、打たないでください。どこに跳ね返ってくるかわかったもんじゃない。それに、人が打つときに前方にいてはいけません」

ミスしないためには力まないこと

ラウンドしながら、川淵さんに尋ねたことがある。その直前、わたしはショートホールで2度連続、ボールを谷底に落とした。

「原因は何ですか？」

「野地さん、簡単だよ。1オンさせてやろうと力んでいたでしょう。まったくボールを見ていなかった。2度とも、グリーン方向を見ていたからです」

わたしはうなだれて、もう一度、尋ねた。

「何がいけなかったんですか？」

答えはひとこと。

「欲です。すべては欲です。1オンさせてやろう、飛ばしてやろう、バンカーから寄せてやろうという欲がミスを呼ぶ」

ふむ、と少し考えた後、一応、聞いてみた。

「欲をなくすにはどうすればいいんですか？」

川淵さんは笑った。

「ははは、野地さん、欲はなくならないよ。人間から欲をなくすのは無理。だって、神様だって、人間から欲をなくすことはできなかったわけでしょ。欲のない人間はいない。私がいくらアドバイスしても、他人の欲をなくすことはできません。できるはずがない」

なるほど、もっともだなと思いながら、プレーを続けた。結果として、その後もわたしは欲をかいては失敗を繰り返した。

そこで、またまた尋ねた。

「欲をなくすのは無理でも、欲心を減少させる効果的な方法はありませんか？」

答えは明快である。

「僕はこうやっている。口に出して、欲をかいている自分を脅し上げる。

『いいか、川淵、ここで飛ばそうと思って打ったら必ずひどい目に遭うぞ。死ぬほどひどい目に遭うからやめておけ。スイングするだけにしておけ』」

川淵さんも欲をなくそうといろいろ努力をした結果、結局、自分に言い聞かせることしかないと気づいたようだ。その場合、なるべく強い文句で自分を脅した方が効果的だと思われる。

以来、わたしは欲心が出そうな場面になると、自分で自分のことをくそみそにやっつけることにしている。

「野地、このバカ。この最低野郎。1オンさせて、あわよくばバーディを取ろうなんて思うなよ。そんなことを思って打とうものなら、たちまち地獄へ逆落としだぞ。いいか……」

長い間、自分自身を罵倒し続けているとプレーの進行を妨げるから、短時間、最大級の表現で自分を脅し上げることにしている。最大級の侮蔑表現は悪口の得意な友人に教わっている。

アプローチは難しい

「アプローチの最大の問題はいかに距離感を出すかにある」

川淵さんは言う。

「アプローチで出す距離は難しい。同じクラブで打っても、打ち方によって距離が微妙に変わってくる。また、ボールのライによっても違う。たとえば目の前がバンカーならサンドウェッジを使うのが正解でしょうけれど、花道からグリーンまで何もなければ8番アイアンで転がすことも選択肢としてあります。自分はこういう場合はこのクラブで打つということをあらかじめ決めておくことです。

アプローチはさまざまなパターンで練習するしかありません。ホントはやっちゃいけないことだけれど、若いころはラウンド中、アプローチを失敗したら、もう一度、同じ場所にボールを置いて、アプローチの練習をしたこともあった」

アプローチを練習するときも、有効なのが「4時、8時のスイング練習」だろう。ただし、使うのはサンドウェッジである。確実に芯に当てる。サンドウェッジはフルスイングするクラブではないから、ハーフスイング、もしくは4時から8時までのバックスイングをして打つことを繰り返すことが実戦にも役に立つ。

「繰り返しになりますが、自信を持って打つ。自信を持つことに決める。グリーンを目前にして、ザックリしたり、トップしたりするのはボールを見ていないでヘッドアップするから。本人は原因がわかっているだけに、余計、意気消沈してしまう。とにかく自分を信じるほかはない。飛ばす方向に正確にクラブフェースを向ける。打つときは必ず左手で。右手の力が勝っていると、ダフったり、トップしたりしてしまう。僕なんか、『左、左、左が大事』とつぶやきながらアプローチしている。右手の力を抜いて、左手一本で打つくらいがちょうどいい」

また、川淵さんは同伴競技者がミスの出やすい状況にいたら、ひとこと声をかけて、相手をリラックスさせる。

「がんばれ」とか「こうやって打つんだよ」ではなく、「さっきのスイングはよかったね」などと安心させるわけだ。ただし、そのひとことで、落ち着く人もいるし、やはり、ミスをする人もいる。

「ゴルフというスポーツの面白いところは相手に何かアドバイスしなくてはと思うと、自然と自分もミスに気をつけるようになること。相手を上達させながら、自分もさらにうまくなるのがゴルフ。ビジネスマンはそんなゴルフを心がけた方がいい」

たとえ、オリンピックでベットしていたとしても、心のなかで「よし、お前はこのパットを外すんだ」と祈っているようでは勉強が足りない。相手のパットが入るよう祈ることが自分のスコアアップに通じる。ホントにホントである。

アプローチでスコアアップを図る

何度も繰り返すが、川淵メソッドの大きな特徴はトラブルからの脱出とアプローチである。

前述のように川淵さんはアプローチでもバンカーと同じように、2本のサンドウェッジを使い分けている。

「古河電工のころ、名古屋の和合で毎週のようにゴルフをしていたんだけれど、一度、ジャック・ニクラスが試合に出ていたのを見たことがある。グリーン周りからアプローチを打ったのを目の前で見たんだけれど、ガツンと勢いよく打ったから、『あっ、トップした』と思ったんだ。ボールがピュッと飛び出したかと思ったら、旗のそばまで来ると、逆回転がかかって、しゅるしゅるしゅると止まった。見事なものでした。あれ以来、自分もああなりたいと思って、そういうボールを打つようになった。サンドウェッジで、きちんと打つ。強く打ったら、ちゃんと止まります。びくびくしながら打つからトップしたり、ザックリしたりする。私はサンドウェッジをボールにかぶせて止めるボールを打ちます」

このときも左足体重にすること。バンカーと同じだ。アプローチでボールをあげようとするから右足に体重がかかり、結局、すくい打ちになってしまう。左足体重で打ち込むと止まるボールになる。

「深いラフにボールがあるときはバウンスの厚いサンドウェッジを使って、フェースを意識する。クラブを上げて、重みを感じながら下ろす。そのときに手をこねたりしない。左手の甲をピンに正対させて、その方向に飛ぶようにする。こわごわやったら失敗するからきちんと振る。

花道から、もしくはグリーン周りで芝の薄いときはバウンスの薄いサンドウェッジを使います。打ち方は同じ。きちんと当てる」

以上ができるようになったらあとは距離感だ。アプローチの距離感は練習するしかないのだが、最初はたとえばピンまで10メートルの距離感だけを体に染みつかせる。10メートルのアプローチができればあとはフォロースルーで距離を変えていく。

彼は言う。

「ゴルフの面白さはアイアンが芯を食ったときとアプローチが寄ったときです。グリーンの周りを行ったり来たりしているときはゴルフはつまらない。でも、ボールがピタッと寄るようになったらこれほど面白いものはない」

川淵さんはパターで寄せたりはしない。ピッチングで寄せるときもあるけれど、ほぼサンドウェッジである。確かに、状況によって使うクラブを変えるよりも、最初からサンドウェッジだけと決めて練習した方が実戦で役に立つ。

サンドウェッジというクラブを手の内に入れれば、バンカーショットも気楽になる。サンドウェッジは数あるクラブのなかでも頻繁に使用するクラブだ。サンドウェッジを愛し、親しみを持って使用することはゴルフ上達と密接な関係がある。

「アプローチの距離感って、僕にしてみたら、センタリングの距離感に似ているところがある。30メートルのセンタリングと50メートルのキックではぜんぜん違う。センタリングの距離感がまだ体に残っているから、それでうまくいくのかもしれない」

パターの打ち方について

「パターにはいろいろな形のパターがある。みなさん、何本か使ってみたと思うけれど、パターの性質を知って、手の内に入れるとパットが入りやすくなる。いま、私が使っているテーラーメードのスパイダーは、ロングパットのフックラインに強い。そうすると、長いフックラインが残ると、よしという気になって、自信を持って打てる」

スコアメイクするうえでパットの大切さは常々言われている。川淵さんが「道具の性質を知れ」と言っているのは、道具を使いこなすことで強気になれるということだ。

もうひとつ、彼が決めているのがキャディさんにラインを聞くときの、聞き方である。

「あるときから意識し始めたんだけれど、初心者がキャディさんにラインを聞くときのことです。

フックしますか、スライスしますか、やや右を狙えばいいですか……。そんなあいまいな聞き方が多い。

僕はラインを聞くときはできるだけ具体的に聞く。それもセンチ単位ではなく、カップひとつ、あるいはボールひとつという単位で聞くことにしている。そういう聞き方をすると、頭のなかにカップが2個並ぶイメージが浮かび上がってくるから、そこに向けて打つことができる。

1メートル左ですと言われても、なかなか1メートルという長さのイメージは湧いてこない。カップやボールやフラッグを単位にしてキャディさんに聞いてから打つと、たとえミスパットでも、次に修正ができる。ああ、カップ2個右と言われたけれど、もう少し曲がったな、カップ2個とボール1個分だったなと覚えておけばいいんです」

次はパターの打ち方である。

「僕の打ち方はパチンと当てるのではなく、フォロースルーで調整しています。長いパットのときはフォローを大きくする。バックスイングは短いパットも長いパットのときも、それほど変わらないけれど、長いときはフォローを出す。ラインに乗せるというより、しっかり打って、外れてもカップをオーバーするようにしている」

川淵さんはパットのときも、「子どもが股の間をくぐれるくらい」足を広げて、下半身を安定させる。そして、ロングパットのときはソールせず、パターを地面に平行にして打つが、ショートパットのときはソールしてからパターの前を浮かせるようにして打つ。青木功プロが打つようなスタイルだ。

「ショートパットのときはソールして打った方が入りやすいと思っている」

長年、やっているうちに、そういうスタイルになってしまったのだろう。

パットの打ち方は人によって千差万別だ。個性的な打ち方をして、ぽんぽん入れている人をまねしたからといって、自分のパットが入るわけではない。ここでまねをするべきは「カップ何個、ボール何個」という具体的な聞き方をする癖をつけることだろう。

パターで多いミス

「ショートパットでミスする場合、左に引っ掛けるのがほとんど。打つ瞬間にカップを見てしまう。それで体が動いて

左に行ってしまう。

足を広げて、両足を結んだ線と平行にパターを振ることです。それがパットの基本。ショートパットのときも同じアドレスで打つ。たとえ5センチのパットでも片手で打ったりしない。あれが癖になると、だんだん長いパットでも片手で打つようになる。そうすると、必ずミスが出る。僕自身、『お先に』と言って、1センチのボールをカップに入れようとして、ミスしたことがある。手痛い失敗だったけれど、それからは絶対に両手でパターを持って、打っている」

川淵さんはパター練習の距離は2メートルと決めている。2メートルの距離を何度も練習して、体のなかに距離感を染みつかせる。それより短い距離はフォロースルーを短くする。長い距離はフォロースルーを長くする。

5章

ラウンド中に知っておくといいこと

・意識してバーディを取りにいく
・ゴルフは経験の積み重ね
・体調が悪いときのゴルフ

ショートホールのティーショットについて

ショートホールの距離が120ヤードとか、ときには100ヤード未満のコースもある。

「何だ、これなら1オンして当たり前じゃないか。ひょっとしたらホールインワンだな」

一部の初心者、中級者はそう考える。しかし、やってみると、グリーンにすら乗らない。オーバーしたり、右や左に行ったり、あるいはガードバンカーにつかまって、6や7になったりする。ショートホールの6は痛い。ミドルホールなら7、ロングホールなら8に相当する。スコアをアップさせようとしたら、ショートホールは何が何でもボギーでおさめることだろう。

では、どうすればいいか。

「ショートホールでは絶対にグリーンオーバーさせない。これが鉄則です。スコアを崩すもとになる」

ショートホールでオーバーさせると、左足下がりでカップが近いアプローチが残る。もっとも寄せにくいアプローチだ。しかも、グリーンはティーグラウンドに向かって傾斜しているケースが多い。上級者であっても、難しい局面なのである。

「だから、ショートホールは手前から攻める。ショートホールだけではなく、ゴルフは手前から攻めていくスポーツだ」

川淵さんはあっさり言う。セオリーそのままである。

では、なぜ、人はグリーンオーバーさせてしまうのか。

根本的な原因は「1オンさせてやろう」という欲深な気持ちである。それしかない。しかし、何度も言うように、欲から離れることはできない。

ではどうするか。わたしは川淵さんからいろいろ学んだ末に次のような工夫をしている。

まず、距離が145〜150ヤードなら普通は7番アイアンだけれど、あえて8番で打つ。届かなくてもいい。その代わり、コンパクトにミートすることだけを考える。乗せようというよりも、アイアンの芯に当てようとして振る。そうすると、4回に1回はいい当たりが出て、140ヤードくらいは飛んで、ピタッと止まる。つまり、オーバーするような番手のクラブは持たない。グリーンのまんなかに届くクラブではなく、手前に乗るクラブで打つ。ミートすれば1オンするかもしれないと考えて打つ。

よく言われることだが、「大きめのクラブでゆるく打つ」のは上級者でなければできない。初心者、中級者は「ゆるく」打てないのである。初心者、中級者は届かなくてもいいから、グリーンオーバーだけを避ける方策を取ることだ。

シャンクについて考える

「シャンクをなくす決定的な方法は私も知りません。いろいろなタイプがあるから。私だって、時々、シャンクは出る。どういうときに出るかもだいたいわかっています。つま先上がりの斜面で、よし、飛ばしてやろうと思うと、クラブのシャフトに当たって、右方向にボールが行く。つま先上がりが多いけれど、ショートホールのティーショットでも出やすい。これはまた、飛ばしてやろうと思って振るときです。基本的には、フェースの真ん中にボールが当たっていないからです。

ただ、言えるのは初心者のうちはなかなかシャンクしないんです。多少、上達してきたらシャンクが出るようになる。

気をつけているのはつま先上がりのときかな。そこでシャンクするとOBへ行くことが多い。フェアウェイの真ん中で右へボールが飛び出したとしても、それほど怖がることはない。

シャンクは出るときには出ると達観するしかないな。だって、プロでもシャンクはするのだから。強いて言えば、自分が思っているボールの位置よりも、クラブを手前に引いてトウで打つこと」

川淵さんに学ぶとすれば、つま先上がりの斜面、あるいはショートホールのティーショットでは「飛ばしてやろう」「1オンさせてやろう」となるべく思わないようにすることだ。「なるべく」と書いたのは、そういった状況では誰でも飛ばしてやろうとか1オンさせようと、体が反応してしまう。いわば本能である。

つまり、シャンクが出るのは本能であり、欲が起因だ。完全にふせぐことはできない。シャンクが出たら、あまり自分を責めずに、次に打つショットを考える。万全の準備をして打つ。これまた不思議だけれど、シャンクを連発というケースは下手な人ほどほぼない。グリーン回りでのシャンクの場合は、ヒールを上げてトウで打てばいい。

意識してバーディを取りにいく

本書を読んで、月に2度くらい練習場に行けば100は必ず切れる。ただし、90を切ろうと思ったら、別の考え方をしなくてはならない。それは「意識してバーディを取りにいく」ことだ。

初心者、中級者にとってバーディは縁がないものだろう。1年に数回しかないものだから、バーディを取ってやろうなどと考えてプレーをすることはない。しかし、80台のスコアで回っている人は、1ラウンドで3つくらいはバーディを取るつもりでゴルフしている。パーは初心者でも取ることができる。まぐれあたりで取ることができる。だが、バーディを取るには「絶対に取る」という強い気持ちを持つことだ。

「バーディを狙うのはまずはロングホール。ティーショットと2打目がそこそこ飛んだとします。いまの大半のゴルフ場だとロングホールは500ヤード前後でしょう。ドライバーで210から220ヤード、2打目で160から180を打つと、残りは130から100ヤード。それくらいの距離ならバーディを狙うことができます。このときに、100ヤードを正確に打てると自信を持って狙うことができる。

もうひとつはショートホール。ピンまで100ヤードから130ヤードのホールなら、旗にめがけて打っていく。

よく、グリーンの真ん中を狙えという人がいます。

しかし、それはパーを取るときの考え方でしょう。バーディを取ろうと思ったら、ピンをデッドに狙わないと無理です。そして、バーディを狙う前提はロングホールの場合、2打目まで絶対にバンカーに入れたり、林に入れたりしてはいけない。飛ばしてやろうではなく、一打一打慎重に打つこと」

繰り返しになるが、バーディを取ろうと思ったら、100ヤードから130ヤードの距離に絶大な自信を持っていなくてはならない。川淵さんが言うように、「アプローチウェッジ（またはピッチング）の練習をして、正確な距離を打てるようにする」こと。

100ヤードをつねに正確に打てるようになったら、意識してバーディを取りにいく。スコアをぐっと縮めようと思ったら、ワンラウンドで2度はバーディを狙える実力をつけなくてはならない。

「パーを取るときも、何が何でも2オンをさせようと思わなくていい。ミドルホールで1打目か2打目をチョロしても、100から130ヤードを正確に打ちさえすればパーを拾うことができる。パーを拾う練習をしていると、100から130ヤードの距離が打てるようになる」

本書で、川淵さんが大切な距離と言ったのは160ヤード、170ヤードの練習、そして、100から130ヤードを正確に打つ練習だ。

「なんだ、結局、いっぱい練習しなければいけないのか」と不満を述べずに、ここは大きく構えて、ふたつの距離を打つ練習をしてほしい。それが劇的なスコアアップに通ずるのである。

技術の向上は経験の積み重ね

人は他人のアドバイスを信用するのか。

いくら尊敬している人であっても、聞いただけでは信用しない。聞いたことを実践してみて、いい結果が出たことだけを信用する。口では何とでも言えるけれど、ゴルフでも、仕事でも全部同じだ。大げさに言えば、他人のアドバイスを信じて、行動を変えるとは、自分の世界観を変えることだ。言葉だけで人を動かすことはできない。

本書に書いたことは、川淵さんにインタビューした後、一緒にコースを4度も回って、現場でスイングを見てもらったり、アドバイスを受けた結果を文字にしたものだ。それも、わたしが実践して効果が上がったものだけである。ゆるゆるスイング、左足体重、足を広げることはその最たるものだ。ショートホールでは「乗せよう」ではなく、アイアンの芯に当てようと考えて打っている。

サンドウェッジもまねして2本買った。ただし、使い分けするほどの技量ではないから、バウンスの浅い方だけを愛用している。厚い方は練習してから使いたいと思っている。

川淵さんはこう言う。

「そう、つまるところ、ゴルフって経験の積み重ねなんだよ。一朝一夕にはうまくいかない。練習するのも経験の積み重ね。トラブルで何度も痛い目に遭って、それでやっと考えを変える。私だって、アドバイスしたことをその人がすぐに会得するとは思っていない。コーチは何度も同じことを指摘しなきゃならない。指導者には忍耐力がいる」

体調が悪いときのゴルフ

「ゴルフをやる場合、つねに体調が万全なわけではありません。飲みすぎとか仕事が忙しいからというだけでなく、体がだるい、風邪気味、腰やひざが痛い……。ある程度の年齢になると、誰もがこういった症状が出るものです。体調が万全でゴルフに臨むことの方が少なくなる。僕自身も出張続きで、体がメロメロということがありますし、4日連続でゴルフをやって、最終日はくたくたに疲れていることがある。では、そんなときにいちばん、気をつけることは……」

川淵さんがもっとも気をつけているのは「土台をしっかり固める」こと。

「体調が悪いときは体が動きます。たとえば、アドレスのときに体が微妙に前後に揺れたりする。そこに気がつかずにスイングすると、ダフったり、トップになります」

体が動くのは体調が悪いだけでなく、疲れてきたときも同様だ。18ホールの残り3ホールくらいには、どんなプレーヤーでも体が微妙に揺れたり動いたりすることに気をつけなくてはならない。

ダフり、トップが出て、疲れているなと感じたら、もう一度、足をしっかりと踏みしめる。特にスイングの際に右足が動かないように気をつける。さらに、チェックポイントを口に出して、自分をいましめる。

「土台をしっかり。右足を動かさない」

わたしは川淵さんとラウンドしていて、後半のホールで彼がこの言葉を割とはっきりした声で言いながら、アドレスを取っている様子を何度も見かけた。

いつも80台のスコアで回り、常に70台をめざしている川淵さんでさえ、とても慎重にプレーをしているわけだ。わたしたちはぞんざいにやりすぎているきらいがある。スロープレーにならないように、スイング前の動作を確認することだろう。

体調が悪いとき、疲れているときは必ずポイントをチェックしてアドレスに入ること

「疲れてくると、打つときに右肩が下がって、すくい打ちになってしまう。それでトップしたり、ダフりになる。また、疲れていると、余計に思いっ切り飛ばしてやろうという意識が出てくるから右手が先導になりやすい。右手が強すぎると当たった後、ボールが曲ります。スイングで左手が先導していればぶれないけれど、右手が強くなると、曲がってしまう。右肩が下がらないように体を回すこと。右手が先導することに気をつけてください」

もうひとつ、疲れてくると、おざなりになるのがボールを見ることだろう。どんなプレーヤーでも、ボールを見ないと当たらない。本書では繰り返し、「ボールを見ろ」と書いたが、ミスショットの原因の大半はボールを見ていないことだ。

「元気なときはチェックしているけれど、疲れてくるとチェックポイントを忘れてしまう。『ボールを見ること』。同伴のプレーヤーが失敗したら、そう言ってあげるべきです。ただし、そのときに言い方を工夫することでしょう。

『お前、ちゃんとボールを見ろ』なんて言ったら、ケンカになります」

言い方を工夫するとは、たとえば他の競技の例を出すことではないか。

かつてテニス界にビル・チルデンという名選手がいた。チルデンセーターの語源にもなっているアメリカの選手である。チルデンが書いた『ベターテニス』という本にはボールを見ることの大切さが書いてある。

わたしが『ベターテニス』を読んだのは40年前だけれど、いまでもだいたいのことは覚えている。

――テニスのサーブをするとき、初心者はボールを上に上げたら、すぐに相手のコートを見てしまう。自分が打ったボールが相手のコートに入るかどうかが心配だからだ。しかし、ボールを見ないでラケットを振っても当たることはない。相手のコートを見るのではなく、頭上のボールを見ながら、それをヒットするのだ。

ゴルフでもまったく同じことだ。ボールの行方を気にして、頭を上げてしまうとミスショットになる。疲れているときは忘れやすいけれども、ボールをちゃんと見ること。

ラウンド中にスライスボールをふせぐには

「中嶋常幸プロから教わったことがある。プレーをしていて、スライスボールが直らないときがあるでしょう。そのときの応急処置です。サッカー協会の小倉純二（名誉会長）はボールがスライスして、右へ曲がることに長い間、悩んでいた。中嶋プロから聞いたことを小倉純二に教えてあげたら、『川淵さん、目からうろこですよ。スライスが直りました』

と言っていた。こんなやり方です」

川淵さんは手取り足取り、教えてくれた。要するにフックボールを打つ握り方をするのだが、その際、単にクラブをかぶせるような握り方をするのではない。

まず、クラブから手を放す。その後、クラブヘッドをぐいっと45度くらいも回転させて、かぶせる。

「えっ、こんなにクラブをかぶせてしまってボールに当たるの？」

打つ本人が疑問に思うくらい、クラブをかぶせる。その後、クラブを握る。つまり、最初にクラブをかぶせてから握る。握ってからフェースを正面に戻して打つ。

普通、フックボールの握り方をするときは、最初に普通に握った後、クラブを回す。そうではなく、まず、クラブを回してから「普通に」握る。そのグリップのままフェースを打つ方向に向けると、フックグリップになっている。

普通に握った後、クラブを回したのでは、思ったほどかぶせていない。最初に「どのくらいかぶせるか」を自分で知ることが重要なのだ。そうして、スライスボールが出ていたときと同じスイングで打つ。

スライスボールをふせごうとするとき、初心者は左方向を向いて打つことを考える。そうやって打てば、右へスライスしたボールがフェアウェイの真ん中に落ちると想定しているわけだ。

しかし、それではスライスを直したことにはならないし、だいたい、左方向を向くと、自然のうちにそれまでとは違うスイングになっているものだ。左へ打ってはいけないと考えながら振るから、余計にスライスしたりする。もしくは当たりそこねで左へ曲がったりする。右へのOBだけでなく、左方向へのOBになる危険性が増すのである。

川淵さんは、スライスボールを直したい人には中嶋プロのメソッドをすすめている。

「ボールが右へスライスするのは、体が疲れてしまい、振り遅れになっていることが多い。ボールをこすっているから右へ曲がるわけです。そこで、握り方を変えれば一応、まっすぐ当たることになる。

ただし、グリップを変えるだけで、スイングはいつもと同じように振ること。フックボールを打つために手首をかぶせる必要はありません。ラウンド中に直して、うまくいくケースは少ないけれど、握り方だけを変えるのは有効です。ラウンド中にスイングを変えるのは無理です。直してもちゃんと当たることはない」

6章

メンタル編

うまくなる人とならない人

川淵さんはさまざまな仲間、知人とゴルフのラウンドをしている。日本人だけでなく、外国人とやったことも数多い。「皇帝」フランツ・ベッケンバウアーともプレーしたし、「イングランドの伝説」ボビー・チャールトンともラウンドした。そうしたスポーツアスリート、プロゴルファーと回ることもあれば、「203高地」というあだ名のスコアが200を超える超初心者ともゴルフをやったこともある。

これまで大勢のゴルファーとプレーしていて、彼が気づいたのは上達する人にはひとつの共通点があることだ。

「うまくなる人は人の話をよく聞く。自分からアドバイスを求めてきて、言われたことを素直にやろうとする。つまり、向上心がある。仕事でもそうでしょう。優秀な人は他人の助言を聞いて仕事に生かす。

一方、いつまでも下手な人って、人の話を絶対に聞かない。頑固なんです。『そんなことはとっくに知ってますよ』と言ったりするけれど、あれは本当は何にも知らないんだよ。

それと、スロープレーの人はなかなか上達しない。一連の動作が遅いとリズムが悪くなる。スロープレーに関しては、一緒にやる人のなかで年長者がそれとなく注意した方がいい。僕らが若いころはティーグラウンドでもフェアウェイでも、『素振りなんかするな。後ろの組のことを考えろ』と言われたものです」

川淵さんは地元の仲間、サッカー協会の人間、首都大学東京の教授陣などと年に何度かゴルフコンペを行っている。サッカー協会関係者ならば「キャプテンズ・カップ」であり、首都大学東京関係者ならば「理事長杯」だ。そうして、長年やっていると、上達する人もいれば、いつも変わらぬスコアの人もいる。

「上達する人はミスショットを打った後のクールダウンが上手です。いちばんいけないのはミスした後、カーッとなって、そのまま打つこと。必ずもう一度、ミスをする。ミスした後は、なぜ悪かったのかなんて原因を探らないで、まず平常心に戻ること。

ミスは忘れて仕切り直す。深呼吸して、一拍置いてから、努めてゆっくりとした動作で打つ」

もうひとつ、付け加えたい、と彼は言った。

「『ミスの原因を探るのは重要』とゴルフの本には書いてある。それは大事です。原因を追究しておくと、ミスが減るとは言わないが、少なくとも意識するようになる」

川淵さんの分析は理屈に合っている。確かに、素人は自分のミスがどこにあるかがピンポイントではわからないから、なかなか直せないのである。自分でわからないときは同伴の上級者、あるいはキャディさんに聞いておこう。

「肩が回ってなかった」

「ボールを見ていなかった」

「ヘッドアップしていた」

きっと教えてくれるはずだ。

力を抜く

「力を抜けって、よくゴルフの指導者が言うでしょう。でも、若いうちとか初心者のころは、なかなか力を抜いて打つことができない。飛ばしてやろうとか、谷越えのショットとか、みんなが見ているショートホールの第1打とか。誰がやっても、力が入るようになっている。一回、アドレスを外して、肩を回したりなんかしても、打つときには力が入る。

じゃあ、どうすればいいかといえば、意外と効果的なのが力が入る場面では素振りもせずに、すぽんと打つ。構えたら、そのままゆっくり打つ。それだけですよ。自分に考える時間を与えない。体が動くままに打つ」

川淵さんは「サッカーのシュートも同じだ」と言った。

「フリーキックとかゴール前の1対1なんて場面は、絶対に力が入る。ゴールに入りそうなのに、入らないのは力んで失敗するから。一度、敵のゴール前で私がフリーキックを蹴る場面があった。直接、蹴るのではなく、同僚がちょっとボールを出して、それに当てるというキックです。ところが、同僚がぴゅっと強いボールを出したから、本来の利き足である右では蹴ることができなくなった。それで、仕方なく、左足で方向性だけ決めて蹴ったら、それがゴールの隅に入った。サッカーでもゴルフでも同じですよ。力んで蹴ったって強いボールにはならない。何も考えずに反射的に、ミートすることだけを考えた方が芯に当たる。

それに、よく、『止まっているボールなのに打てない。空振りする』と嘆く人がいるでしょう。あれは違います。止まっているボールを打ったり、蹴ったりする方が動いているボールよりもはるかに難しい。だって、プロだって、あのメッシだって、フリーキックを空振りしたりするんですよ。フリーキックやペナルティーキックを空振りすることはあります。あんな大きなボールを空振りするなんておかしいでしょう。でも、現実にはあることです。

だから、ゴルフのボールを空振りするのも、よくあることだと思った方がいい。力んだら、絶対にボールにミートしません」

力まないのは難しい。川淵さんが言うように、「(自分自身に)力む時間を与えない」のが正解ではないか。打つ直前まで、一緒に回っている仲間と雑談でもして、「さてと」と構えたら、何も考えずに打つ。そうすれば、谷越えであっても、池越えであっても、状況を忘れてナイスショットになる。たぶん、そうなる。

もうひとつ言えることとは、力むのは環境に気圧《けお》されているからだ。ここは名門コースだ。ここは池越えだ。一緒に回る上級者が後ろで見ている……。力むのはそうしたプレッシャーがかかる環境にいるからだ。

集中するには環境を忘れることだ。歌舞伎役者は歌舞伎座でもニューヨークのカーネギーホールでも、「同じ板の上だ」と自分に言い聞かせて演技をするという。環境を意識すると、本来の実力が出ない。打つときは環境を忘れること。

ゴルフでは状況判断は必要だけれど、力まないために「状況や環境を無視する」というのも立派な状況判断なのである。

自分に言い聞かせる

ゴルフがメンタルなスポーツだという証拠はスコアの推移によく表れている。

たとえば、月に2度くらいゴルフのラウンドをする人がいるとする。スコアは90台の後半だ。

「やれやれ、100を切ることができた」という満足感とともに帰宅する人である。

その人が猛練習したわけでもないのに、85とか86で回ったとする。

本人はこう考える。

「オレはもう80台のゴルファーだ。これから死ぬまで、90台を打つことはあっても、100以上のゴルフをすることはない」

しかし、である。この人はそれから何度も100以上、叩くのである。ときに80台が出るかもしれないけれど、でも、110というスコアと無縁になったわけではない。

これが他のスポーツならどうだろうか。野球のピッチャーがカーブを覚えたら、死ぬまでカーブを投げることができる。水泳選手が平泳ぎであるタイムを出したら、老化しない限りはそのタイムと同じくらいの泳ぎができる。

ゴルフだけはたとえプロでも、１００以上を叩くスポーツなのである。

そして、その原因は体調、老化もあるだろうけれど、それ以上にメンタルの要素が大きい。しかも、メンタルといっても、ゴルフ場に行ってみないと、メンタルがいいのか悪いのかさえわからないのである。

また、ゴルフにおけるメンタルとは、仕事や生活の不安とはまったく関係がない。

「仕事で大きなミスをして、クライアントから契約を切られた」

「愛人が『あんたとは別れたい。５００万円くれなければ奥さんと会社にばらす』とメールしてきた」

このような大きな不安があったとしても、ゴルフ場ですばらしいスコアが出ることはある。言っておくけれど、いま挙げたふたつの例はわたしのことではない。友人の話だ。

どちらかといえば、ゴルフにおけるメンタルの弱さとは、「スコアが悪かったときに使う言い訳」にすぎないような気がする。

「今日は体調はよかったけれど、メンタルに不安があった」

そう言っておけば自分も納得するし、周囲も「そうですか」と相づちを打つ。

ゴルフの「メンタルが弱い人」とは気が弱い人のことでもなければ、押しの弱い人のことでもない。引っ込み思案の人のことでもなければ、寡黙な人のことでもない。

技術はそこそこで、そして、たまたまスコアがよくなかった場合に、人が頼る言い訳が「メンタルの弱さ」なのだ。

重要なのは平常心を保つことなのである。つまり、力が入りそうな場面で力まないこと。ミスを繰り返したり、大叩きした後にクールダウンして平常心に返ること。

ゴルフにおける「メンタルが強い人」とは実はこのふたつを実行している人だ。

そして、メンタルが強い人は絶対に言い訳をしない。膝が痛くても前夜にへべれけになっていても、「ふふ」と微笑しながらゴルフをする。ゴルフ場で言い訳をする人になってはいけない。

わたしたちはそこをめざせばいいのである。

川淵さんは打つ前に自分に言い聞かせるという。

「ゴルフを始めたばかりのころでした。50台のスコアが当たり前で、調子がよければ1ラウンドを90台で回っていたころの話です。一緒に回っていた年上の問屋の社長が80台で回るわけです。悔しかったし、なんで、オレにはできないのかと腹が立った。でも、つねに自分に言い聞かせていたんですよ。

『よし、がんばって練習しよう。だって、オレは日本代表選手だった。オリンピックにも出た。こんな、普通のおっさんに負けてられるか』

そうやって、自分に言い聞かせていました。いまでもトラブル脱出のときはぶつぶつぶやきながら、自分を鼓舞しているところがある。パットのときも『ショートしたら、お前を殺してやる』と言いながらスタンスを取る。この場合のお前とは私、川淵三郎のことです。自分自身を脅し上げて、絶対にショートしないようにパットを打つ」

自分はメンタルが弱いと思っている人にもうひとつ、アドバイスするとすれば、川淵さんのような一流スポーツ選手は負けず嫌いだ。もっと言えば、自分をみじめな状況に置いておくことを潔《いさぎよ》しとしない。だから、ゴルフ場で「けがをした」「風邪を引いた」「昨日は遅くまで飲んだ」「腰が痛い」といった言葉は絶対に吐かない。繰り返すようだが、言い訳をしない。してはいけない。

最初から自分の立場を弱くする言葉を発すると、その日のスコアは絶対に悪くなる。ゴルフができないくらい熱があるのなら、やらない方がいいけれど、鼻風邪くらいなら「風邪です」などと言わず、「異常に元気です」と宣言してラウンドに臨むべきだ。

負けず嫌いでは筋金入りの川淵さんは痛風でも足を引きずりながら、ゴルフをやったことがあった

2013年4月、彼は首都大学東京の理事長になった。同じ月の中ごろには「理事長杯」と名付けられた同大学の教授、事務職員などが参加するゴルフ会が開かれることになって

いた。新理事長としては欠席するわけにはいかない。しかも、川淵さんはゴルフに自信があったから、理事長としての勇姿を教授たちに見せつけておきたいという気持ちもあった。やる気満々だったのである。

ところが……。

「土曜日の朝、足の先がものすごく痛くなって、これは痛風だな、と。医者へ行こうと思ったけれど、土日はやっていない。それで、痛風経験者の小倉（小倉純二　サッカー協会名誉会長）に電話して、どうしたら痛いのが取れるの？　と聞いた。

そうしたら、『川淵さん、どうしたって取れませんよ。お医者さんへ行くしかありません……』

月曜日まで待って、やっと薬を飲んで、よくなったのだけれど、それでもまだ痛みは残っていた。冷やしてみたらいいと言われてやってみたけれど、冷やすのをやめたら、これがもう激痛で……。

その週にまさに理事長杯があった。欠席するわけにはいかない。靴を履いたら痛いから、これはもう裸足でやるしかないな、と。でも、ゴルフ場のマナーとしてはそうもいかない。結局、僕だけはカートで回ったんだ。そうしたら、痛風の痛みを抱えながら、80そこそこのスコアだった。教授陣からはひんしゅくを買った。いや、でも、あれほどの痛さとは思わなかった。卒倒しそうになったもの。ほんとうに痛かったんだから」

それでも、彼は「これは痛くないんだ」と自分に言い聞かせながらプレーをした。我慢強さとやけくその気持ちと痛みに気を取られて、リラックスできたことがいい結果に結びついたのだろう。

記録をつける

川淵さんと回っていると、たとえ2度目のコースであっても、フェアウェイ上のバンカーや池の位置、ＯＢの区域、グリーンの大きさまで克明に記憶していることに驚かされる。

「やっているうちに自然と覚えてしまうのだけれど、記録を取っていたこともある」

彼はそう言う。これから回るコースの内容を知っているのと知らないのでは大違いだ。また、覚えようと思って回るのと、ただのんべんだらりとゴルフをしているのではスコアは当然、違ってくる。

また、ゴルフ場のレイアウトだけでなく、記録をつける、メモを取ることは大切だ。文字を書くことによって、脳のなかに注意点が明確に刻み込まれる。

「ボールを見る」

「肩を回す」

「すくい打ちをしない」

「林に入れたら、迷わず横に出す」

回る前に、こんな注意点をスコアカードの端っこに書くだけでも、ずいぶんと違う。

オーガスタのラウンド記録

川淵さんの付けたゴルフ記録帳を見せてもらったことがある。45枚の写真、加えて、それぞれ100字前後のメモ書きがあった。

記録帳には「1996年4月15日の月曜日に回ったラウンド」とあった。

場所はジョージア州のオーガスタ・ナショナルゴルフクラブ。日付を見ればわかると思うけれど、前日までそこではマスターズが開催されていた。同年の優勝者はニック・ファルド。6打差で首位に立っていたグレッグ・ノーマンが崩れたため、ファルドが優勝した年のことだった。
マスターズの翌日だから、グリーンはそれこそ鏡のようになっていた。テレビで見るよりアップダウンがすごかった。最終日のピンの位置もやさしくはなかった。それでも彼はアウト43、イン46で回っている。同伴者は成田豊（故人、当時、電通社長）、井上弘（現TBS会長）、大西久光（ゴルフ評論家）である。
川淵さんはこんなことを書いている。
12番　155ヤード　パー3
「8番アイアンで池ポチャ。手前からサンドでいったん、グリーンに乗ったが、傾斜が強く転がり落ちて、また池ポチャ。3パットで8打叩く。ガックリ」
16番　145ヤード　パー3
「7番アイアンで会心のショット。ピンそば5ヤードに1オン。（キャディは8番アイアンと言ったが、12番で池に落としたこともあり、番手を上げて打った。
バーディパットだったが、打ちきれず2パットのパー）」
17番　350ヤード　パー4
「ミスショット。左側の木に当たり、残り190ヤード。ユーティリティで2オン。15ヤードのパット。ここから3パット。上りはしっかりと打たないと寄らない。結局、ボギー」

　彼は自分の気持ちよりも、使った道具、結果を克明に書いている。

　一般のゴルファーは毎回、違うコースでプレーするわけではない。たとえメンバーシップを持っていないとしても、おのずからプレーするコースは同じところになりやすい。写真と文章でちゃんとした記録を残しておけば、次に回るときは必ずスコアはアップする。記録したものを読み返すことはイメージトレーニングにつながる。頭のなかで、「あのホールはここを狙って打とう」と思うだけで、現場に立ったときには苦手意識がなくなっている。普通のプレーヤーはあまりやることではないけれど、記録を取ることは次に結びつく練習方法だ。

「自信をつけてショットを打つ。パターをする」ことが前提とすれば、記録をつけることでコースに対する自信が生まれる。

7章

ルールとマナーについて

人に聞く

ゴルフのルール集は書店で売っている。わたしは本書を書くまでは読んだことがなかった。ただし、今回は買って読んだ。特別のことは何も書いていない。ゴルフを始めたとき、教えてもらったことがほとんど載っている。

おそらくプレーヤーのなかで、「ルール集がうちにある」人は少ないと思うが、だからといって、みんなルールを無視しているわけではないし、知らないわけではない。ルールブックを読んで、いちばんためになったのはボールをドロップする位置だ。

ゴルフ場の池、クリークには黄色の杭《くい》で表示してあるウォーターハザードと赤の杭で表示しているラテラル・ウォーターハザードがある。このふたつでは救済の措置が違う。ドロップする場所が違う。ここだけは知っておいた方がいい。一般の人々はボールが池に入ったら、ホールに近づかないように、池の後ろに置いて打っているけれど、これは間違い。2打罰だ。

参考のためにウォーターハザードとラテラル・ウォーターハザードの救済方法だけを記しておく。なお、ふたつのハザードの違いはいろいろ考えるより、杭の色を見る。もしくはキャディさんに聞くこと。
ウォーターハザードの救済措置は3つある。

A　罰なしでウォーターハザードに入っているボールをあるがままに打ってプレーする。

※プロは別としてアマチュアはやらなくていい。

B　前に打った地点に戻り1罰打で打ち直す。この場合、同伴プレーヤーに確認し、元の場所にできるだけ近いところにドロップする。ティーグラウンドから打ったときはティーアップできる。

※これもまた混んでいるゴルフ場では現実的ではない。実際に池に打ち込んだ場合、誰もが次の救済措置を選んでいるのではないか。

C　ボールがウォーターハザードを最後に横切った地点とホール（カップ）を結んだ線上で、そのウォーターハザードの後方にドロップする。ウォーターハザードの対岸にボールが一度当たって、ころころ転がり落ちた場合も、ドロップするのはウォーターハザードの後方だ。

※よく間違えるのは「この辺から入ったな」とカップの方角を確認しないで、適当に置くことだ。それは間違いである。

ラテラル・ウォーターハザードの場合は救済措置が上記に加えて、ひとつある。

D　ボールがラテラル・ウォーターハザードの境界を最後に横切った地点、またはその対岸のホールから同じ距離のどちらか一方から、ホールに近づかない2クラブレングス内でドロップしてプレーを続けることができる。この場合も1罰打加わる。

※文字だけ読むと、何のことかわからないが、ウォーターハザードよりドロップする区域が広いと解釈すればいい。なぜ、そうなっているかといえば、たとえば池の後方が修理地とか水がたまっていてドロップできないケースがあるからだ。

そして、ふたつのことがよくわからない場合は、素直にキャディさんに確かめてドロップする。

さて、ここで何を言いたいかといえば、一度くらいはルールブックを読んでも損にならないということだ。とくに海外でゴルフをしようという人は必読である。外国人と一緒に回って、適当なところにドロップしたりすると、「日本人はルールを知らない」と思われてしまう。外国人とビジネスでゴルフをする人は「ルール博士」になるくらいの気持ちで勉強しておくことだ。

ルールも大事だが、マナーはそれ以上に大事だ

ルールの勉強も必要だけれど、マナーはもっと大切だ。マナーについてもゴルフのレッスン書には載っている。しかし、体系的に書いてあるわけではない。そして、マナー、服装、キャディさんへの応接などは本で読んだだけでは理解しにくい。現場に出て、一度はベテランの人から叱責された方がいい。その方が身につく。恥ずかしい思いをしなければ身につかないのがマナーだ。

川淵さんの場合は「名門コースとうるさいメンバーにしつけられた」という。

「若いころ、プレーをしたゴルフ場はどこも名門コースでした。そういうところのキャディさん、メンバーはマナーにうるさいから、ずいぶんと怒られました。バンカーに入って打とうとしたら、前の組からおじいさんが歩いてくるのが見えた。

『ああ、何か怒られるようなことをしたんだな』と思ったら、案の定、注意された。

『お若い方、バンカーはいちばん浅いところから入ってください。そうしないと、崩れることがあるから』

それだけを言って、悠々と帰っていった。

また、名古屋の和合でメンバーになって、プレーしていたとき、肩にタオルを載せてアプローチの練習をしていたら、うるさいので有名なメンバーが『川淵さん、そんな格好はメンバーらしくないよ』と。

私はとても感謝しています。どれも、知らないことを教えてもらったし、注意されたことは絶対に忘れない。こればっかりは本を読んでも頭に残らないんだ。

コースに出たら、何度も素振りはしない。人が打とうとしたら、静かにする。グリーン上で、パットを打つ人の邪魔をしない。こういうことは、たとえ知らない人でも注意してあげた方がいい。

僕はメンバーコース（東千葉カントリークラブ）の理事になったとき、『これからどんどんマナーの悪い人に注意しよう』と決めたけれど、実際はなかなか難しい。でも、これからはどんどん注意したいと思う」

見知らぬ大人を注意するのは簡単ではない。逆ギレされてけんかを売られたらかなわないからだ。しかし、できる限りでいいから、マナーの悪い人にはひとこと忠告すること。

わたしたちはけんかをしにゴルフ場に行くわけではない。しかし、言うべきことを言うことは、大人のやるべきことではないか。

マナーが悪いと感じるのはどういう行為のことか

「あなたがマナーが悪いと思うのはどんなときですか？」

これもまたわたしがプレーしている間、同伴プレーヤーに取材した。

「スコアの過少申告」「バンカーから手で出したのを見た」という人もいたが、それはマナー違反ではない。ルール違反であり、インチキだ。インチキをやってはいけない。

では、マナーが悪いと思った1位から順に述べる。

1位　パットを打つとき、すぐ横で話をしている。

2位　全員がグリーンを終えた後もひとり残ってパターの練習をする。あるいはアプローチの練習をする。

3位　ＯＫのボールを渡すときに手で渡すのではなく、自分のパターで打つ。（これはルール違反だ。ボールを転がして芝目を知ることに通ずる）

4位　パットの線上に立つ。あるいは後ろに立つ。
5位　キャディさんにエラそうに「持って来い」と言う。
6位　ものすごく変わったデザインのシャツ、ズボンを穿いていたりする。
7位　池に入ったボールを自分のだけでなく、これ幸いとたくさんすくって自分のものにする。
8位　ティーグラウンドで大声でしゃべる。

実はマナーの悪さはここに挙げただけでなくいくつもあった。しかも、「あいつがよくやるんだ」と実名で教えてくれる人が多かった。

実はマナーの悪い人とはそれほど人数がいるわけではなく、悪い人はひとりですべての悪事を成し遂げているのだ。

ルールを知らない人には教えてあげることができる。しかし、マナーの悪い人にはなかなかそうはいかない。

それでも、マナーの悪い人を見つけたらどうするか。

実は、なかなか注意できない。目に余るものがあれば、その場ではなく、ふたりになったときにそれとなく言う。なぜ、マナーが悪いかといえば、無知なのと、人に気をつかう性格ではないからだ。つまりは鈍感。鈍感な人に敏感になれという注意は難しい。

では、川淵さんはどうしているか。

マナーの悪い人への対応

「ゴルフって、一日、一緒にいるわけでしょう。いい性格か悪い性格かがわかるスポーツですよ。たとえば、スコアをごまかす人がいるでしょう。あれ、一緒にいる人は、みんなわかっているんです。僕はマナーについては注意するけれど、スコアをごまかしたり、林のなかからボールを蹴飛ばしたりする人には何も言わないことにしています。

たぶん、注意しても、その人はほかでもやると思うから。マナーは言います。でも、ルール違反は放っておく。

その人のプレーはできるだけ見ないようにして、冷たく接するしかない。いまはもう腹も立たなくなったね。ルール違反をするのは同伴者の責任ではないでしょう。その人本人の問題だから、その人がやらないと決めない限り、誰も止められない」

川淵さんはこう言った。そこで、わたしが「じゃあ、そういう人とはプレーをしなければいいのですね」と確認を取ったところ、ニヤッと笑って、「いや、野地さん、そういうわけにもいかないんだよ」と。

つまり、彼はいまだにスコアをごまかす人ともゴルフをしている。

では、スコアをごまかす人への対処法だが、以下はわたしが考えた方法である。

スコアをごまかす場合、意図的な場合とそうでない場合がある。まず、打数を忘れるケースがある。ＯＢを勘定に入れていなかったとか、池ポチャを忘れていたという人には正しい打数を直接、教えてあげればいい。先方は「あっ、そうだ。ごめん」と言うはずである。これは何の問題もない。

問題は意図して過少申告した人に対する対処である。わたしは一度は見逃す。川淵さんと一緒で、他人のスコアなんて、わたし自身の人生とはまったく関係がないから、ごまかされても痛痒は感じない。

ところが、繰り返しやられると、その場の空気が悪くなる。だから、そういう場合は「キャディさん、みんなのスコアを覚えて記録してね」と頼むことにしている。最近のコースはカートに自動記録装置がついていることがある。スコアカードに書かずに記録装置に入力するのである。

打数を記録装置に入力するとき、キャディさんが「あなたは5でしたね」とか「9でしたね」と直接、確認すればいいのである。

みんなの見ている前で、「いや、オレはパーだった」と厚かましく言う人はまずいない。では、セルフで回るときはどうするか。

相手を信じるしかない。それでもまだごまかす人は、いずれ誘う人がいなくなる……。誘う人がいなくなるといいのだけれど、現実はそうでもない。過少申告する人は一生、過少申告をして生きていってもらうしかない。

川淵さんは過少申告について、こんなエピソードを教えてくれた。

「成田空港の近くで韓国サッカー界の重鎮とゴルフをしたことがある。一度や二度じゃないな。一緒にワールドカップをやったのだから何度もやった。彼はドライバーがものすごく飛ぶんだよ。ただ、忘れられないことがある。初めてやったとき、最初のホールで確か7打くらい叩いたのに、スコアは？　と聞いたら、『ボギーだ』と。

あーあ、やれやれと思った。そうしたら韓国では、いくつ叩いても、最初のホールはボギーとする習いだと本人が言ったんだ。日本でも『マリガン』といって、もう一回ティーショットを打ったりするでしょう。あれと一緒なんだよ。過少申告なんだけれど、接待ゴルフにはもってこいの微笑《ほほえ》ましいところがある」

キャディさん、ゴルフ場の人たちへのやさしさ

キャディさんにエラそうにモノをいうやつはいる。

「おい、7番を持ってこい」

「おい、このラインを教えろ」

（そして、キャディさんがフックラインですと言ったとする）

「うそつけ。これは誰が読んでもスライスだ。このバカ者」

こういう人はいないと思ったら大間違い。何回か見かけたことがある。キャディさんに怒鳴り散らしている男も見たことがある。

腹に据えかねたことがあったとしても、ゴルフ場で怒鳴るのはバカ者のすることだ。キャディさんにせよ、ゴルフ場で働く人にせよ、プレーヤーに対して文句を言えない立場にいる。文句を言えない立場にいる人に向かってエラそうな態度をとるのは見下げ果てた行為だ。

企業の社員でも、印刷屋さん、宅配便業者などにエラそうな態度をとり、果ては賄賂《わいろ》を要求するやつがいる。キャディさんに威張るのはそれと同じだ。

わたしはキャディさんとは親しくすることにしている。むろん、男女として親しくするわけではない。親しくなると、アドバイスしてくれるし、スルーで回りたいときなど、気を利かせてくれる。

ヌーヴェルゴルフ倶楽部のキャディさんには、ユーミンのベスト曲が入ったCDをあげたことがある。ゴルフ場に置いてあるチップ代わりの飲み物や洗剤とそれほど値段が変わるわけではない。しかし、そのキャディさんはすごく喜んでくれた。

よく行くクラブでは、チップをあげるよりも、何か相手が喜ぶものを持っていきたいと思っている。それだけで待遇はぐっとよくなる。それだけでゴルフはずっと楽しくなる。

8章

川淵さんの営業マン時代

血気盛んだった新人のころ

この章ではゴルフのことではなく、川淵さんが頻繁にゴルフをやっていたビジネスマン時代のエピソードを紹介する。

川淵三郎は最初から、スポーツマネジメントのプロだったわけではない。大学卒業後、古河電工で、係長、課長、部長、子会社の役員と30年間勤め上げた。

彼はきっぱりと言う。

「古河電工で受けた社員教育、そして、43歳のとき、小さな問屋に出向して経営者として走り回ったことが役に立った。あのとき、零細企業を切り回した経験がなければJリーグのマネジメントはできなかった」

早稲田大学を卒業した川淵が古河電工に入社したのは1961年である。

「当時の古河電工は東京電力と電電公社（現ＮＴＴ）に、電力や通信ケーブルをはじめとする資材をもっとも多く納入していた。トップシェアでした。高度成長時代でしょう。東電も電電公社も伸びる一方だったから、それと一緒に古河も伸びていった。僕はその後、伸銅品といって、銅や銅の合金でできた製品の販売をやりました。ラジエーターの内部にも使われているもので、日本電装（現デンソー）がもっとも大きなお客さんだった。自動車の生産も右肩上がりだったから、いけいけどんどんでした」

新入社員として配属になったのは横浜電線製造所。仕事は進行番。工場現場の作業がどれだけ進んでいるかを製品ごとにチェックする役目だった。

「現場の職長さんたちと話しながら、各製品の納期を決めていく。全体がつかめる仕事だから、新人教育の場でもあったわけです。そのころのことです。総務部長がわれわれ新人に『言いたいことがあったら、何でも言え』と。そこで手を挙げて、『工場で事故が起こってからでは遅いと思います。事故がないように事前に安全策、予防策をちゃんと講じておいた方が……』と発言したら、総務部長が『何だ、お前は。お前が川淵というのか。そういうことは文書で提出しろ』なんて、いきなり怒鳴りつけられた。こっちもかーっとして、だって、部長が何でも言えって、言ったからじゃないですか、と大声で反論して……。

みんなが元気な時代だったんだ。上司と部下が怒鳴り合っても、殺伐とした雰囲気にはならなかった。思えば僕は血気盛んな新人でしたね」

その後も川淵は「おかしい」と思ったことに対しては堂々と意見を言ったし、頭にきたら上司ともけんかした。理不尽な扱いだと怒り、会社を休んで大阪の実家に帰ってしまったことさえある。管理が行き届く現在では、そうした元気がよすぎる社員は徹底的に教育されるか、または退社せざるを得ない立場に追い込まれるだろう。だが、あのころは部下を怒鳴りつける上司もいたし、大声で食ってかかる若手もいた。高度成長のころの日本企業の社内風景とはそんなものだったのである。

小さな問屋に出向、経営を立て直す

川淵は古河電工社員として仕事をしながら、同社所属のチームの一員として、また日本代表選手としてサッカーを続けた。現役選手としては国際Aマッチ24試合に出場し、6得点を挙げている。70年に現役を引退した後、古河電工の監督、日本代表監督も務めた。ただし、当時の日本代表監督は務め先に頼んで招請するもので、基本的に無報酬。会社員としての給料をもらっていただけで、サッカー協会からは交通費程度が出るだけだった。そうは言いながらも、好きなサッカーをやりながら、会社員としても大きな仕事を任せてもらえる。川淵は子どもがふたりいたから家計は苦しかったけれど、それでも楽しい人生だとそれなりに満足していた。ゴルフに精を出したのもこのころからだった。

その彼が初めて会社員生活における蹉跌《さてつ》と感じたのが43歳のときに命じられた出向だっ

た。ある日、伸銅販売部営業課長だった彼は上司から呼ばれた。何かと思ったら、

「川淵、3年間、勉強してこい」。

横浜にあった古河製品を扱う問屋に出向して立て直せという命令である。肩書は常務取締役といわれたが、従業員はわずか55人。当時、約5000人の社員がいた古河電工とは問題にならない規模である。

「問屋の社長からのご指名でした。私はそこの社長とはゴルフをしていて親しかったから。しかし、サラリーマンにとって、しかも働き盛りのころに出向命令は面白くなかった。カーッときたけれど、いったん怒った後、まあ、決まったものは仕方がない、やってやろうじゃないかという気分になった」

赴任してみると、問屋は売掛金が回収できずに青息《あおいき》吐息《といき》の状態だった。帳簿を見ると、ひと月の売上高以上の金額が回収不能となっている。ほかの売り先を探すとしても、すぐには無理だ。社長は「すべて任せます」と頭を下げるから、川淵は腹をくくった。とにかく社内の改革、とりわけ経営者の意識を変えることにした。

「社長に言いました。給料が高すぎます。あなたの給料を減らしてください。交際費もゼロです。それに、あなたは子会社をつくって、そこからも給料をもらっているけれど、それもやめてください。立ち直るまでは緊縮財政です」

出向先は問屋だから、倉庫を保有していた。ただし、大小の倉庫をさまざまなところに分散していたから、いかにも効率がよくない。川淵は倉庫を見に行き、いくつかに集約して経費をカットした。そのとき、倉庫で製品の棚卸しに立ち会っていたのだが、どうしても数字が合わない。調べてみたら、真面目一筋と思われていた社員が銅管を切り売りして、お金をポケットに入れていたのである。しかも、その男は社長の親戚だった。川淵は本人を呼んで責任を取らせた。だが、正義感ぶって、上から目線でクビを言い渡したのではない。むろん、その男が悪いのだが、帳簿を改ざんする人間がいても誰も気がつかない会社の体制もよくなかったという思いがあったからだ。

社内改革の次は銀行との折衝、そして得意先の開拓である。このとき、彼は日本代表監督だったから、肩書も活用して営業に飛び回った。

「古河にいたときは営業だったけれど、大きな組織だったから、製品を売ったら、それでおしまい。売った後は回収班の責任だったから、未回収の怖さなんて考えたこともなかった。問屋に出向して初めて、代金の回収や運転資金の手当てを覚えた。銀行へ行って金を借りてくるときも、古河みたいな大企業は金利が低い。ところが中小企業は高い。当たり前なんだが、大企業にいたら、そんなことも知らないんだよ。肩書は常務だったけれど、やっていたことは経営者そのものだった。古河のときは川淵さんと言ってきた人間が出向になったとたんにまったく電話に出なくなったとか……。あの苦労は確かに勉強になった」

川淵は見事に2年で会社を立て直し、黒字にした。古河電工もその経緯を見て、3年の予定を1年早く切り上げさせることにした。だが、「戻ってこい」と言われたとき、川淵は上司に食って掛かった。

「3年の約束じゃないですか。どうして、途中で帰らなきゃならないんですか。あと、1年あるじゃないですか」

そのころの彼は喜怒哀楽の激しいラテン気質だったのだろう。

「小さな問屋で仕事していたとき、ちょうど代表監督をやっていてね。香港遠征に行くから羽田空港に集合したんだ。僕は飛行機に乗る直前まで営業先の社長に電話をした。『社長、川淵です。これから日本の代表として戦ってきます。行ってまいります。ヤマトダマシイ（大和魂）で勝ってきます。……つきましては銅管を200トン、何とか新規に取引していただけるとありがたいのですが』」

羽田からの営業電話は受注に結びついた。金額にして1億円以上の大きな取引ができることになったのである。

古河電工に戻った川淵は、名古屋支店金属営業部長に昇進。名古屋ゴルフ倶楽部和合コースで毎週ゴルフをやった。88年ふたたび子会社の古河産業に出向。91年には30年勤めた古河電工を退職、Ｊリーグの初代チェアマンになる。

ドイツ人コーチに教わった「ヤマトダマシイ」

会社員時代に彼が片時も忘れなかった言葉がある。ヤマトダマシイである。いまではアナクロなニュアンスの言葉に聞こえるけれど、彼がその言葉を聞いたときの印象は新鮮で、鮮烈だった。

その言葉を教えてくれたのは川淵が代表選手だったときのコーチ、デットマール・クラマーだった。残念ながら先日お亡くなりになった。

１９６０年、日本サッカー協会は代表選手の技術向上のため、西ドイツ協会にコーチの派遣を頼んだ。白羽の矢が立ったのはデットマール・クラマー。ベッケンバウアーの師でもあり、後にバイエルン・ミュンヘンをはじめとするプロチームの監督を務めた指導者だ。同じ年、川淵たち代表選手は練習のため、ドイツに遠征し、アーヘンのセミプロチームと戦った。

「試合の相手は地元のチーム。ドイツ代表じゃありません。あのころ、私たちがドイツの代表と戦うなんて、考えられなかった。ワールドカップなんて、夢のまた夢。そういう時代に私たちの技術を伸ばしてくれたのがクラマーさんだった」

ドイツの空港で初めて顔を合わせたとき、クラマーはハンチングをかぶっていた。帽子を脱いだら頭が見事に禿《は》げあがっていた。禿げのせいではなかったけれど、代表選手たちは「何だ、こんなおっさんか」と少し幻滅した。

ところが、クラマーがサッカーを指導し始めたところ、選手たちの幻滅は尊敬に変わったのである。クラマーはプロフェッサーとあだ名された理論家で、個人の技術指導だけでなく、試合の戦い方、日ごろの生活まで、すべてを教えてくれ、しかも、率先垂範だった。

のちに日本に来たときのことになるが、クラマーはホテルが用意されていたのに、「ジェントルマンたちと同じところでいい」と団体向けの和風旅館に泊まり、選手と同じ海苔と卵の朝食を食べた。若い選手と同じ待遇で、それほどの高給ももらわず、サッカーを指導した。

「だが、初めてドイツで会ったとき、僕らは地元のチームに5対0で負けた。われながら情けなかった。試合が終わった後、クラマーさんが控室に入ってきたんです」

クラマーは帽子を取って、「ジェントルマン」と呼びかけた。敗戦に肩を落とし、泣きたいような表情をしていた。静かに話し始めた。

「日本から来たジェントルマン、私は兵隊上がりです。ドイツは戦争には負けたが、ゲルマン魂はまだ失っていない。戦争の善しあしは別として、戦うときは死力を尽くして戦う。サッカーもそうです。今日、私は残念でした。今日、あなたたちは戦う気持ちを持っていなかった。勝ちたいと思っていなかった。最後まであきらめずにがんばるわけでもなかった。いったい、あなたたちは、われわれが敬意を払っていたヤマトダマシイを持っているのですか？　ヤマトダマシイを持った日本人が精神的に強いというのはうそだったのですか？」。選手たちは誰ひとり、クラマーを直視できなかった。

「いや、びっくりした。ドイツ人からヤマトダマシイという言葉が出てきたから。僕らはもう、恥ずかしくてたまらなかった。どんな強い相手でも、試合を投げ出しちゃいけない。それだけは肝に銘ずることになったが……」

その後のこと、日本代表は東京オリンピックでアルゼンチン相手に勝利し、１９６８年メキシコオリンピックでは銅メダルに輝いた。

クラマーがヤマトダマシイを叩き込んだからだ。

１９７５年のこと、クラマーはバイエルン・ミュンヘンの監督としてＵＥＦＡチャンピオンズカップで優勝する。記者から「人生最高の瞬間ですね」と問われたとき、次のように答えた。

「いや、人生最高の瞬間は日本がメキシコオリンピックで銅メダルを獲得したときです。私はあれほど死力を尽くして戦った選手たちを見たことがない」

川淵が古河電工で、横浜の小さな問屋で死力を尽くして働いたのはクラマーから「最後まであきらめるな」と叱咤《しった》されたからである。ビジネスマンとしてもヤマトダマシイを発揮したのだ。

9章

ビジネスゴルフの真髄

長い距離が残ってもOKと言う

「古河電工の時代、大きなクライアントに日本電装（現デンソー）がありました。毎年、古河の社長以下が接待する大きなコンペがあったんです。デンソーの重役にOさんという人がいました。人柄のいい人で、ただし、ゴルフはお世辞にも上手とは言えなかった。当時、私は部長。コンペでは若輩でした。

ニアピンホールでOさんが打ったら、ピンそば3メートルに乗って、そこに旗が立った。ティーグラウンドから見れば、相当、近かった。接待側の古河とすれば『Oさんはこのときしかニアピンは取れない。よかったよかった』とみんな大喜びだった。

私はその日、調子がよくなかった。ところが、そのニアピンホールで打ったら、まさに会心の当たりで、生涯最高と言ってもいいくらいだった。すると、そのボールがピンそば50センチに寄って、ニアピンになったんだ。その途端、さすがの僕も真っ青。みんなの様子も重苦しくなった。

前の組の4人のうち、古河電工の重役は誰ひとり拍手をせず、苦虫をかみつぶしたような顔をしていた。

ラウンドが終わって、表彰式が始まる前、僕は上司から呼ばれた、

『川淵、お前な、せっかくOさんが最高のニアピンを取ったのに何してるんだ。ああいうときは絶対にグリーンまで届かないクラブで打つのが常識だ』と言われた。

僕は『すみません』と言って、Oさんに謝った。すると、Oさんは『はは、何も君が謝ることないじゃないか。次の機会にオレはちゃんとニアピンを取るよ』と言ってくれた」

体験を踏まえて、川淵さんは言う。

「接待ゴルフのホスト側がやるべきこととはこうだ」と。

「あのとき、上司が言ったような『短いクラブを持つ』みたいなことをやる必要はない。わざと失敗するようなことはスポーツマンシップに反している。接待ゴルフだからといって、そんなことはしちゃいけない。僕は相手に花を持たすとしたら、『ちょっと長いかな』と思ったとしても、相手のパットにOKを出すことくらいだと思う。それ以上のことはしなくていい」

正論だろう。それに、「接待だから」といって林からのボールをフェアウェイに置いてあげたり、バンカーに入っていたものをつまみ出したりしたら、まともなゴルファーは嫌な気分になる。

確かに、残った距離が多少、長くとも「OK」と言ってあげるくらいが好意であり、接

週の気持ちというものではないか。

スロープレーはやらない

「偉くなった人が気がつかないのがスロープレーです。社長、会長になった人とゴルフをするでしょう。スロープレーの人が実に多い。走らなくともいいけれど、ラフにボールが行ってしまったら、小走りで探しに行く。何度も素振りをしないで、さっと打つ。パターのときも何度もラインを読んだりはしない。

それが本来のゴルフです。それなのに、地位が上になると注意してくれる人がいないから、自分自身がスロープレーをしていることに気がつかなくなっている。

じゃあ、そういう偉い人に僕が注意をするかといえば、それはしないな。『偉くなると、スロープレーの人が多くなる』とも言いにくい。この本を贈って、このページを読んでもらうしかない。秘書や部下だって、なかなか偉い人には注意することができないんだ」

率先してボールを探す

「私が接待ゴルフで気をつけたのは、同伴者のボールがOB区域の方向へ飛んだとき、率先して探しに行くことだった」

若いビジネスマンは、ボールを探すことだけは覚えておいた方がいい。

探し方はこうだ。まず、ティーショットのボールが飛んだ方の目印を覚えておく。1本の木だけではなく、2本から3本の木の姿をはっきりと記憶しておく。そうして、近くに行ったら、その木の生えているあたりを探す。ティーグラウンドから見た景色と実際に近寄っていったら、木の様子が違うことがままある。そこを頭に入れて、ちゃんと目印を覚えておく。そして、若いビジネスマンならば走って探しに行く。好感度は上がるだろう。

「私はいままでも、OBになりそうなボールを探しに行く。そして、見つけてあげると、『キャプテンに恐縮です』などと感謝される。それに、ボールを見つけてあげた後のその人の笑顔っていうのはたまらないよ。いい大人が満面の笑みで喜んでくれるのだから、やりがいのあることだよ、ボール探しって」

それでも行かなくてはならないときのために

接待ゴルフには、どうしても行かなくてはいけない場合がある。

仕事で疲れたときでも、前の晩、子どもが熱を出して一睡もしていなくとも、極度の二日酔いでも、もしくは起きたらぎっくり腰だった日でも、やらなくてはいけないのが接待ゴルフだ。

そういうときはどうするか。上司に泣きついて欠席するか、もしくは誰かに代わってもらうか。

結論から言えば、行くしかない。当日の朝、欠席するのはいちばん嫌われる。会社員として失格だと思われる。命にかかわる病気で倒れたのならば別だけれど、それ以外は這ってでも行く。

「そうです。会社員とはつらいもの。私はぎっくり腰になってプレーしたこともあります。朝、顔を洗う時にギクッときて、死ぬほどの痛みだった。しかし、休めない。腰にサラシを巻いて出勤。ボールをティーに載せるのと、カップから拾い上げるのはキャディさんにやってもらった。それで、38－48で回ったんだけれど、それはそれで『川淵さん、ぎっくり腰なんてうそでしょ』と同伴者に怒られた」

サラシを巻くのはわかった。そういうときはどうやってプレーするのか。

「まず、力を抜く。飛ばしてやろうなんて考えない。肩を平行に回す。腰も平行にゆっくり回す。このふたつだけを考えて、痛みが出ないようにスイングする。そうすれば結構飛びます。また、欲がなくなっていいスコアになります。ところが、不思議なことに元気になって、力を入れて振ったら、力んでミスショットが出る。ゴルフには力はいらない。打つという意識でなく、スイングを作るという意識で振った方がいい。それと、ゴルフに行く前の日にはぎっくり腰にならないようにふくらはぎをもんだり、深酒をしないようにする。接待ゴルフは準備が大事です」

繰り返すようだけれど、ゴルフには力はいらない。力いっぱい振り回してはいけない。

「ナイスショット」は言わない

「接待ゴルフでは、お迎えとか見送り、お土産などは通常の接待と同じです。営業マンなら常識としてやるべきことを粛々とやる。それだけです。大事なのはプレーのなかでの接待にあたる部分でしょう。

たとえば、意外とみなさんご存じないけれど、接待ゴルフでは『ナイスショット』は言わない方がいい」

「えっ、どうしてですか?」

わたしは聞きなおした。他のプレーヤーが打ったら、よほどのことがない限り、わたしは「ナイスショット」と言うべきだと思っていた。一種の掛け声ではないのか。

川淵さんは「機械的にナイスショットと声をかけない方がいい」と言った。

「接待ゴルフに出てくるからといって、何も下手な人とは限りません。シングルプレーヤーもいれば、80台で回る人もいる。その人がドライバーで打ったとします。本人は『当たりそこねだな』と思っているのに、周りから『ナイスショット!』と声をかけられ、拍手でもされたりしようものなら、『何、言ってんだ』と思ってしまう。

ほんとうのナイスショットって、ラウンド中に2度か3度しかないんですよ。

わかっている人はそれを見ていて、『これこそナイスショット。芯を食った当たりでしたね』と声をかける。やたらとナイスショットを連発することは相手をほめることにはなりません」

重ねて、わたしは問うた。

「では、ナイスショットと言わないとすると、どこをほめればいいんですか」

すると、川淵さんは涼しげな顔で答えた。

「野地さん、パターが入ったとき、アプローチで寄ったときに『ナイス』と言えばいいんです」

彼は続けた。

「ロングパットが入ったときはうれしいもの。接待ゴルフではショットよりパットをほめるといい。アプローチがピタッと寄った場合も同様です」

スタートホールはマリガンで

マリガンという言葉がある。スタートホールで気に入らないショットが出たら、打ち直しができるというものだ。なんとなくセコイ印象がする行為だけれど、川淵さんは「接待ゴルフやプライベートではやってもいい」としている。

「朝一番のティーショットは緊張しているし、体がほぐれていないからミスショットが出やすい。ですから、打つ前に『みなさん、今日はマリガンで行きましょう』と言っておくといい。肝心なのは、打つ前に言うことです。誰かがチョロしたとたんに、『マリガンで』と言いだしたら、露骨にゴマをするようなもの。それに打つ前から宣言しておくと、緊張がほぐれて、いいショットが出たりする。

また、いくらマリガンだからと言って、みんなが打ち直すことはない。チョロした人だけが打てばいい。それからマリガンだってことは、キャディさんに最初に言っておくこと。しかもスタートホールだけですと伝えるといい」

川淵さんは「出べそ、間違った打順に対しても指摘したことはない」と付け加えた。

出べそとは、ティーグラウンドにあるティーマーカーふたつを結んだ線からボールが前方に出ていることだ。そのまま打ったら、本来はルール違反だから、2罰打を払って打ち直さなくてはならない。だが、彼は寛容である。

「出べそって、1メートルも前に出ていることはないんですよ。ほんの少しだけ飛び出していることがほとんどだから、わざわざ指摘することはないと思っている。

打つ順番だって、間違えることはあります。この行為にペナルティーはありません。ありませんが、マナー上は問題がある。でも、私は文句を言おうと思ったことはない。ちょっとした間違いだし、たいていは次のホールで気づくことだから、目くじらを立てることはないでしょう」

ＯＫの出し方

ゴルフでは完全ホールアウトでもない限り、短いパットではＯＫを出すのが普通だ。ＯＫを出す距離の目安は「ワングリップ」とされている。30センチから50センチとされているけれど、実際はもう少し長い距離をＯＫとしているのではないか。

川淵さんは「ＯＫの出し方は意外と難しい」と言った。

「自分でパットを打ちたいという人は決して少なくないんです。そういう人に『ＯＫです』と言うと、憤然と『やります』と言い返されたりする。ただＯＫと言ってあげれば相手は喜ぶというものじゃありません。

私はこうやっています。

まず、１・５メートルのパットが残ったら、そこでＯＫと言ってみます。その人が『ありがとう』と答えたら、以後はそのくらいの距離になったらＯＫしてあげればいい。いえ、やりますと言ったら、次はもう少し短い距離でＯＫを出してみる。そして、その人が『よし』とする距離を見つける」

それが原則だけれど、もう少し、長い距離でＯＫを出すこともある。

たとえば、ある人がグリーンに上がって来るまでに、パーオンよりも3打以上叩いたとする。ミドルホールで5オン以上だった場合だ。

その場合、パットの距離が2・5メートル残っていたとしても、「それ、OKですよ」と言ってあげる。また、5オンだったうえにさらに相手が疲弊していたら、3メートルでも4メートルでもOKしてあげる。だからといって、10メートルも残っていたら、さすがにOKはしない。

「細かい話ですが、OKと言ってあげるとき、ボールがカップより下についていたら、『下についているから』と、さりげなく付け加えた方がいい。その人が自分自身に対する言い訳になるんです」

川淵さんはOKを出すときでも、相手の心理状態に気を配っている。それが接待というものだ。

打たない方がいいですよ

「バンカーで4つも5つも叩いている熟年の人には、『外へ出して打ってください。ペナルティーなしでいいですよ』と誰もが言うべきじゃないかな」

川淵さんは真面目な顔で言った。

「バンカーで叩いていると、みるみる血圧が上がるんだ。バンカーのなかで倒れたなんてことになったら大変だから、それはもうＯＫした方がいい」

加えて、木の根っこにボールが行ってしまったときも、「それ、出してくださいね」とわざわざ言いに行くという。

「跳ね返って当たったら、けがするでしょう。プロ選手でもないんだから、遊びのゴルフでけがしちゃいけない。私は木の根っこの上にあるボールを打とうとする人がいたら、絶対に止めます」

このように、川淵さんにおける接待ゴルフの心得とは、「楽しく、けがなく、ゴルフをやろう」ということだ。スコアをよくしてあげようではなく、楽しい気分になってもらうのが目的だと彼はわかっている。

思えば、スコアが悪くても楽しいゴルフはある。いくら成績がよかったとしても、「二度とあいつとはゴルフはしない」と頭に来ることもある。

接待ゴルフの真価とは「あの人とやるのは楽しかった。もう一度、やりたいな」と思ってもらうことだ。

10章

ゴルフと仲間たち

サッカーの人たち

元サッカー選手だけあって、ゴルフをする相手も同業が多い。小倉純二、大仁邦彌といったサッカー協会の関係者が多いが、現役選手ともやったことがある。

「サッカーのフォワード、ミッドフィールダーは飛距離がすごい。ボールを飛ばすには下半身の安定に加えて腹筋と背筋が必要でしょう。サッカー選手はいずれも練習して鍛えあげている。特に、シュートの練習は腹筋と背筋を鍛えるにはいちばんいい。だからといって、ゴルファーにシュートの練習をしろとは言えないけれど……。

ドイツワールドカップ（２００６年）の前、日本チームがキャンプにしていたマンチェスターのゴルフ場で小笠原（満男）、小野（伸二）選手とやったことがある。小笠原なんて、それほど体が大きいわけでもないのに、ドライバーで３００ヤードは飛ばす。小野にしても、ずいぶん飛ぶんだ。小野なんて、飛ぶだけでなくアプローチも上手でね。サッカーのスタイルと似ているなと感じたことがある。フォワードでいえば飛ぶのは釜本（邦茂）。もう、信じられないくらい飛ぶ。まあ、彼の場合は体力が人並み外れているからね」

日本選手だけではない。よくやったのは「皇帝」フランツ・ベッケンバウアーとイングランドの至宝ボビー・チャールトンだ。

「ベッケンバウアーとは何度もやっているけれど、思い出すのはやはりドイツワールドカップの直前。アディダスが作ったばかりのゴルフ場で彼とプレーをした。ベッケンバウアーも私もすごく調子がよくて、ふたりとも前半36で回ったんだ。ただ、後半のハーフに行くまでに、そこのゴルフ場は1キロも歩くような設計になっているんだよ。しかも、かんかん照りの日で、木も何もない。暑いなかを1キロ歩いているうちに日射病になって、結局、後半はひどく叩いた。ベッケンバウアーは調子よかったままだった。

ラウンドを終えて、シャワーを浴びて、やれやれと部屋にいたら、なんと食事は外でとろう、と。テントの中だったけど暑くて暑くて、ドイツ産の白ワインを一杯飲んだら気持ちが悪くなって、食事が喉を通らない。その場を取り繕うのに死ぬ思いで苦労した。あれがいちばんの思い出だな。

ボビー・チャールトンとはイギリスでも日本でも何度もやった。彼はベッケンバウアーよりも上手です。実力は私と互角かな。勝ったり負けたりといったところ。あるとき、話していたら、ボビーの方が私より一歳年下だとわかった。

ボビーが『ノー。ミスター川淵はアンフェアだ』と言うんだよ。

どうして僕がアンフェアなんだと聞き返したら、『自分と年齢が変わらないのに、髪の毛が多すぎる。絶対におかしい』と。ボビーは髪の毛がないでしょう。でも、とてもチャーミングな男だよ、彼は」

ゴルフの服装について

「川淵さんにゴルフを習う」の連載を始めて1カ月、ある編集者からメールが来た。

「ジャック・ニクラスが来日するのですけれど、ゴルフライターとして活躍している野地さんにインタビューしていただきたい」

わたしはその瞬間までゴルフライターではなかった。でも、めったにないチャンスだから、「ゴルフライターです」と名乗って、指定の場所まで会いに行った。もちろん、ゴルフの専門用語を訳してくれる通訳がいたから受けた仕事である。

わたしだけでなく、他のゴルフライターも一緒だった。他の人が1問、尋ねたらわたしはふたつ聞いた。他の人が2問なら3問。ずうずうしく厚かましい、昭和のジャーナリストらしい態度で質問したのである。

答えのなかで忘れられないのが服装に関することだ。ニクラスはこう話した。

「私はちゃんとした服装でゴルフをするのが好きだ。ラフな服装で試合に出たことは一度もない。ただし、ちゃんとした服装とはクラシックスタイルのことではない。

たとえば、日本やアジアでゴルフをするときはコットンのポロシャツは着ない。パフォーマンスファブリック（機能性繊維）を着るべきだと思っている。

私はいつもはフロリダで暮らしている。湿度の低いところだ。そういうところではコットンのシャツでも汗をかくことは少ない。ところが日本はむっとするくらい湿度のある国だ。そういうところではいかに汗をかかないでゴルフをするかということも重要になってくる。服装はゴルフのプレーと密接な関係にある」

この話を川淵さんにしたところ、「さすがニクラスだな。アスリートらしい答えだね」と言った。

「サラリーマンだったころ、接待ゴルフの事務員としてゴルフ場に行ったとき、お得意さんから『川淵君もやれ』と言われたことがある。何も用意していなかったから、スーツの上着を脱いで、普通のワイシャツとズボンでゴルフをやったことがある。貸しクラブとシューズを借りてね。ほんとはゴルフ場で服も靴も買えばいいんだけれど、薄給の身だったから、もったいないと思って、ワイシャツでやった。そうしたら、とんでもないことになったんだ。ワイシャツって、ぜんぜん腕が動かない。スイングなんてできないんだよ。

腕のあたりが窮屈で何もできない。いや、ゴルフにおける服装は大切だ。動きやすくて軽いものを選ぶだけでスコアも違うと思う」

付け加えると、雨の日にやるのならば着替えを持って行くこと。上は普通のシャツでもいい。濡れたら着替える。ただし、下は絶対にレインウェアにすること。レインウェアも軽くて、むれなくて、濡れないものを選ぶこと。

ゴルフの楽しみ

これまたニクラスが言っていた。

「ゴルフはゲームだ。スコアが悪かったとしても、それで人間性が否定されることはない。しかし、準備を整えて、全力を尽くすべきだ。

私はアーノルド・パーマーとは50年近く、試合をした。やっているときは何とか相手を打ちのめしてやろうと思い、口をきいたことはない。ただし、18番ホールを終えたら、いつでも私はパーマーと握手をして、クラブハウスで一緒に飯を食った。ゴルフはゲームであり、コミュニケーションだ。ゴルフを通して、人と親しくなることができる」

この話も川淵さんにした。

「その通りだね。僕は一緒に回って、教えてくれと言われると、何かアドバイスすることにしている。それで、その人が上手になったと聞くと、最高にうれしい。アドバイスがよかったからというよりも、私のアドバイスをもとにその人が練習してくれたと思うから。

僕はサッカーのコーチ、監督もやっていたからよくわかるけれど、上手になる選手は教わるのがうまい。自分なりに理解して、あとは練習や試合で技術を磨いている。

そして、同じように私だって一緒に回った人の話をよく聞くんだ。

野地さんから『川淵さん、いまのショットは左足体重ではなかった』と言われたら、そうか、次はちゃんとやろうと思う。誰の助言であっても聞く耳を持っていたい」

ここにあるように、ゴルフが上手になるには一緒に回った人のプレーをちゃんと見て、そして、お互いに助言し合うことではないか。むろん、試合のときはダメだ。たわいもない仲間内のラウンドだったら、たとえ目上の人でもどんどんアドバイスしていいと思う。

ただし、相手が川淵さんのような人に限る。

「先輩、失礼ですが、今のショットはボールを見てませんでした」と言ったところ、「貴様、小僧のくせに何を言ってるんだ」と反論されたら困ってしまう。

相手を見て、助言しよう。

おわりに―― ゴルフは一緒にやる人を応援するスポーツ

「ゴルフの本を書きませんか？」

野地さんが言ってきたときに、「ええっ、そんなことできるかな」と正直、不安になりました。しかも、野地さんは「日刊ゲンダイで連載しましょう」と言うんです。

日刊ゲンダイはJリーグのチェアマンになったときからずーっと僕の悪口ばかり書いてきた夕刊紙ですよ。いわば宿敵です。悪口が続くから、頭に来て、一度、問い詰めたこともありました。

「どうして、こんなに毎日、悪口を書くんだ？」

すると日刊ゲンダイの担当者はすました顔でこう言いました。

「だって、チェアマンの悪口を書いたら新聞が売れるんですよ」……。

これには苦笑するしかなかった。以来、決して同紙とは親しくならなかったし、連載なんか考えもしませんでした。

ところが、野地さんは「川淵さん、ゴルフの連載は日刊ゲンダイです。激怒していいです。宿敵を懲らしめてやってください」と言う。まあ、そんな具合に説得されて、ゴルフの練習法についてアドバイスすることになりました。

もちろん、僕の話を野地さんが感想を交えて文章を書くという前提です。でも正直、僕のゴルフの話をいくら著名なノンフィクション作家の野地さんが書いても、そんなに興味深い本にはならないだろうと思っていました。

やってみたら、ものすごく勉強になるんですよ。「ゴルフは好きですから、これまでにも自分なりに練習したり、工夫してきたつもりでした。しかし、本を出すとなると、うかつなことはできません。あらためてゴルフの教則本を読んだり、テレビのゴルフ番組を見たりして、勉強しなくてはなりませんでした。

コースに出ているときも下手なことはできないし、また、一緒にやる人のゴルフも真剣に見てアドバイスすることにしました。そうして1年近くかかって野地さんにやっと完成してもらったものですが、原稿を初めて見たときの感想は、自分で言うものなんですが、予想外に面白いなあと思いました。これなら少しは売れるかなと。みなさんに読んでいただいて、ご高評を仰ぎたいと思っております。

あらためて気がついたことは「ゴルフは一緒にやる人を応援するスポーツだ」ということです。一緒にやっている人がナイスショットだったり、パーを取ったときの笑顔ほど気持ちのいいものはありません。ほんとうに、その方に感謝したくなります。

思えば、長年、みなさんに一緒に回らせていただいてほんとうにありがとうございました。この場を借りて、お礼を言います。

また、読者のみなさま、ゴルフ仲間のみなさん、編集してくれた出版社の方、相変わらず悪口を書いてくださっている日刊ゲンダイの担当者、そして、ゴルフを通じた友人の野地さんに感謝します。ありがとうございました。

２０１５年11月　　アマチュアゴルファー　川淵三郎

あとがき

わたしは標準的なゴルファーだと思う（ほんとは標準より下手だ）。

川淵さんはこう評する。

「野地さんは、折に触れて、おおっと思うショットを打つけれど、トラブルでスコアを崩す」

言いえて妙とはこのことだ。

そして、１００は切るけれど、90を切るのが難しいゴルファーはみんな、この評が当たるのではないか。

川淵さんはこうも言った。

「野地さん、練習すれば80台になります。70台も……、うーん、なれるかもしれない。おそらく……」

この言葉を聞いた以上、練習するしかない。いまはそう決めている。

わたしはスポーツエリートではない。しかし、スキーをやった。そのときに大学の先輩がつくづく言った言葉を覚えている。

「心から尊敬する人でないと、いくら教わっても聞く気持ちにならないんだよなあ」

これまた、言いえて妙だ。わたしも同感だったからだ。

たとえばスキーが上手な先輩であっても、一緒に酒を飲むと自分はカネを出さないいやつのアドバイスは聞きたくなかった。自分は練習をサボるくせに、後輩には無茶なしごきをする先輩の言うことも無視した。

一方、「この人はフェアだ」と思った先輩にはすすんで質問をした。スキーの上手下手よりも、その人物のことが尊敬できるかどうかが、わたしの指導者に対する判断基準だった。

川淵さんという人は、一緒に回る人を楽しませる人だ。そして、ゴルフの技術だけを指導するのではなく、ゴルフの楽しさを語る。日本サッカー協会、バスケットボール協会における偉大なる広報マンであるばかりでなく、ゴルフの楽しさを伝道する人だと思う。だからこそ、彼の言葉を聞いて、「ひとつ、やってみよう」と思うのだ。

そして、本書を書いていて、ひとつわかったことがある。

「ゴルフの本を書くとゴルフは上達する」

たとえば、ボールをよく見る、肩を回す、などという文章を書く。校正を3度はやる。できあがった本を読む。半年間はゴルフのことばかり考える。

これで上達しなかったら、おかしい。
「ゴルフがうまくなりたい」と思う人は、誰かに習って、そのことを本もしくはブログにすることだ。絶対に上達する。上達しないことはない。

野地秩嘉

川淵三郎（かわぶち・さぶろう）

1936年大阪府生まれ。早稲田大学商学部時代、日本代表に選抜される。1961年古河電工入社。古河電工サッカー部でプレー。1964年東京オリンピック出場。1991年（社）日本プロサッカーリーグ（Ｊリーグ）チェアマン就任。2002年（財）日本サッカー協会キャプテン（会長、現在は最高顧問）就任。2013年公立大学法人首都大学東京理事長就任。2015年（公財）日本バスケットボール協会チェアマン（会長）就任。

野地 秩嘉（のじ・つねよし）

1957年東京都生まれ。早稲田大学商学部卒業後、出版社勤務を経てノンフィクション作家に。人物ルポルタージュをはじめ、食や美術、海外文化などの分野で活躍中。著書は『高倉健インタヴューズ』『日本一のまかないレシピ』『キャンティ物語』『サービスの達人たち』『一流たちの修業時代』『ヨーロッパ美食旅行』『ヤンキー社長』など多数。『TOKYOオリンピック物語』でミズノスポーツライター賞優秀賞受賞。

川淵キャプテンにゴルフを習う

2015年12月1日　第一刷発行

著者　野地秩嘉
発行者　長坂嘉昭
発行所　株式会社プレジデント社
〒102－8641　東京都千代田区平河町2－16－1 平河町森タワー13階
http://president.jp　　http://str.president.co.jp/str/
電話：編集（03）3237－3732　販売（03）3237－3731
装丁　中井辰也
編集協力　寺田俊治
編集　桂木栄一　千崎研司（コギトスム）
制作　関結香
販売　高橋徹　川井田美景　森田巌　遠藤真知子

印刷・製本 萩原印刷株式会社

ISBN978-4-8334-2153-9
Printed in Japan
落丁・乱丁本はおとりかえいたします。